Peter Scholl-Latour

Der Ritt auf dem Drachen

Indochina – von der französischen Kolonialzeit bis heute

WILHELM HEYNE VERLAG
MÜNCHEN

HEYNE SACHBUCH
Nr. 19/98

Taschenbuchausgabe im Wilhelm Heyne Verlag GmbH & Co. KG, München

Printed in Germany 1990
Umschlagfoto: Josef Kaufmann, Köln
Umschlaggestaltung: Atelier Ingrid Schütz, München
Herstellung: Dieter Lidl
Satz: Satz & Repro Grieb, München
Druck und Verarbeitung: Pressedruck, Augsburg

ISBN 3-453-04009-0

Inhalt

Der Waffenstillstand und der Krieg mit China

Vorwort

Die Ursprünge des vietnamesischen Volkes und der vietnamesischen Geschichte verlieren sich in der Nacht der Zeit. Eines ist sicher: Schon in den ersten Jahrhunderten unserer Zeitrechnung geriet das Kernland der Vietnamesen, das Delta des Roten Flusses in Tonking unter den Einfluß des kulturell und militärisch expandierenden Reiches der Mitte. Während das übrige Indochina - inklusive Kambodscha und Laos - durch hinduistische Einflüsse, später auch durch Hinwendung zum Therevada-Buddhismus geprägt wurde, waren die Vietnamesen von Anfang an auf China ausgerichtet. Konfuzianismus, Ahnenkult, Mandarin-System in Verwaltung und Unterricht drückten diesem zähen Volk von Reisbauern und Kriegern ihren Stempel auf. Auch buddhistische Einflüsse kamen zum Tragen, aber in der lockeren Form des Mahayana.

Schon in den frühesten Legenden wird vom energischen Abwehrkampf der Vietnamesen gegen ihre totale Einbeziehung in das chinesische Großreich berichtet. Sowohl bei den Kommunisten, die heute in Hanoi regieren, wie auch bei den Nationalisten, die sich im Süden mit den Amerikanern verbündet hatten, wurde das Gedächtnis der beiden Schwestern Trung hochgehalten, die sich unter Aufopferung ihres Lebens der Knechtung durch den Norden widersetzten. Obwohl die vietnamesische Kultur total sinisiert wurde - bis hin zu den Schriftzeichen und Personennamen -, ist dieser nationale Überlebenswillen nie zum Erliegen gekommen. Wann immer sie konnten, haben die vietnamesischen Herrscher, deren Hof nach Zentral-Annam, in die Kaiserstadt Hué, verlegt wurde, an ihrer Vasallenposition gegenüber dem Kaiser von China gerüttelt. Einer der Höhepunkte dieses Abwehrkampfes war die Schlacht von Bac Dang, wo kein Geringerer als der

Gesamtübersicht Südostasien

Mongolenkaiser Kublai Khan durch die Kriegslist der Vietnamesen des 13. Jahrhunderts unter schweren Verlusten zurückgeschlagen wurde.

Parallel zu dieser Abschirmung gegen den erdrükkenden Erbfeind im Norden dehnte sich die dynamische vietnamesische Kriegerrasse nach Süden aus. Sie stieß dort zunächst auf das Kulturvolk der Cham, die im Bereich des heutigen Süd-Annam ein weitverzweigtes Königreich errichtet hatten. Die Kriegsflotte der Cham stieß über den Mekong bis tief nach Kambodscha vor. Es zeugt von der unerbittlichen Durchsetzungskraft der Vietnamesen, daß das Champa-Reich heute von der Landkarte völlig ausradiert ist. Ähnlich wäre es beinahe dem Volk der Kambodschaner, den Khmer, ergangen. Das alte Kamputschea hatte im 12. Jahrhundert den Höhepunkt seines kulturellen Glanzes und seiner Macht erreicht, wie heute noch die zahllosen Ruinen im Umkreis von Angkor Wat verkünden. Selbst die vietnamesische Südmetropole Saigon – Ho Tschi Minh Stadt – war vor knapp zweihundert Jahren noch ein kambodschanisches Fischerdorf gewesen. Ganz

Patriotische Darstellung einer vietnamesischen Abwehrschlacht gegen die Heere des Mongolenkaisers Kublai Khan.

Cochinchina, das fruchtbare Delta des Mekong-Stroms, wurde im Laufe der letzten Jahrhunderte systematisch von den vordringenden Vietnamesen erobert, kolonisiert und assimiliert. Lediglich die Intervention der französischen Protektoratsmacht verhinderte die völlige Aufteilung des dekadenten Königreiches der Khmer unter den Nachbarn von Annam und Siam.

Im 19. Jahrhundert setzte eine konsequente französische Kolonialisationsbestrebung ein. Sie ging parallel zur Aktivität katholischer Missionare, die mit der Einführung des lateinischen Alphabets zum ersten Mal eine deutliche Trennungslinie zogen zwischen vietnamesischer und chinesischer Zivilisation. Der Kirche folgten die Militärs und die Administratoren. Bei dieser allmählichen Machtübernahme Frankreichs in Indochina muß berücksichtigt werden, daß der Hof von Hué, insbesondere der annamitische Kaiser Gialong, sich auf diese Neuankömmlinge stützte, um die erdrückende chinesische Vorherrschaft abzuschütteln. Doch die Kolonisation hatte ihre eigenen, unerbittlichen Gesetze. Aus wohlwollenden Protektoren wurden die Franzosen sehr bald zu machtbewußten Fremdherrschern. Die einheimischen Potentaten wurden nur noch in dem Maße geduldet, wie sie sich der Größe des Empire Colonial Français unterwarfen.

Frankreich in Indochina: Von der Kolonie bis Dien Bien Phu

CHỦ TỊCH
HỒ - CHÍ - MINH

Mehr als zehn Jahre sind seit dem Ende des Vietnamkrieges vergangen, aber die Weltmacht Amerika hat das Trauma der Niederlage noch nicht überwunden. Supermann Rambo muß herhalten, um die bittere Demütigung durch tarzanähnliche, imaginäre Kraftakte auszugleichen. Rambo schießt sich den Weg frei durch den Dschungel und befreit gefangene US-Soldaten, die sich immer noch in den Klauen teuflischer Nordvietnamesen befinden. Größter Kinoerfolg der beiden letzten Jahre in den USA waren zwei andere Vietnamfilme: »Platoon« und »Full Metal Jacket«. In ihnen spricht die Stimme des amerikanischen Kollektivgewissens. Einige Szenen aus »Platoon« erinnern an das Massaker von My Lai, wo ein Zug von GIs wehrlose Zivilisten massakrierte. »Platoon«, das ist eine andere Form amerikanischer Vergangenheitsbewältigung.

»In Indochina nichts Neues« hätte der Titel heißen können. Zusätzliche Fernsehserien, wie »Tour of Duty«, sind in Vorbereitung. Nie ist ein verlorener Krieg in so bombastischer Weise glorifiziert worden.

Die vietnamesische Revolution wird nicht müde, ihre Siege zu feiern. Vor einer Dekade wurden Nord- und Südvietnam nach dreißigjährigem Unabhängigkeitskampf wiedervereinigt.

Zehn Jahre hat es gedauert, bis die Kolonialmacht Frankreich in der vernichtenden Dschungelschlacht von Dien Bien Phu 1954 besiegt wurde. Der Vater der vietnamesischen Revolution, Ho Tschi Minh, hatte seinen Landsleuten den Weg zum Kommunismus gewiesen.

In einer zweiten Runde gegen die Amerikaner, die 1965 bis 1975 dauerte, erlitt die Supermacht USA in Südvietnam die erste Niederlage seit ihrer Gründung. Der vietnamesische Zwerg widerstand erfolgreich dem amerikanischen Giganten.

Diese dramatischen Ereignisse in Fernost fanden ungeahnten Widerhall bei der aufgewühlten, protestierenden Jugend Amerikas und Westeuropas.

Junge Vietnamesen anläßlich einer Siegesfeier vor dem Mausoleum Ho Tschi Minhs in Hanoi. Das Mausoleum ist ein Geschenk der Sowjetunion.

Am 7. Mai 1954 wird über dem Befehlsbunker des französischen Generals de Castries die rote Fahne mit dem gelben Stern, Symbol des vietnamesischen Sieges, gehißt.

Seitdem ist das wiedervereinigte Vietnam nicht zur Ruhe gekommen. Die Volksrepublik China lastet mit ihrem ungeheuren Gewicht auf der Nordgrenze ihres einstigen Vasallen im Süden. In Kambodscha wird ein Stellvertreterkrieg geführt, und Vietnam steht vermutlich in seiner unerbittlichsten Existenzprobe.

Ho Tschi Minh ruht in einem monumentalen Mausoleum. Der Revolutionär Vietnams ist zum Gott erstarrt. Der Sieg schmeckt bitter.

»Ho, Ho, Ho Tschi Minh«

Am 30. April 1975 durchbricht der erste nordvietnamesische Panzer das Gitter zum Doc Lap-Palast in Saigon. Der letzte Widerstand ist gebrochen. Die Republik Südvietnam kapituliert.

Auf den ersten Blick gibt es keinen zwingenden aktuellen Anlaß, dem Vietnamkrieg eine umfangreiche Betrachtung in Wort und Bild zu widmen. Aber die jüngsten Filmprodukte aus den USA machen deutlich, wie der amerikanische Vietnamkonflikt im Unterbewußtsein der westlichen Supermacht fortwirkt. An Ort und Stelle ist zwischen Vietnam und China ein asiatischer, ein Abnutzungskrieg in Gang gekommen und dauert fort.

Vietnam bleibt weiterhin ein denkwürdiges Phänomen. Ein Land, das die Deutschen vor fünfzig Jahren nicht einmal dem Namen nach kannten, hat die Weltpolitik und das Bewußtsein der Massen tiefgreifend beeinflußt. Blicken wir doch nur auf den

Anläßlich der chinesischen »Strafaktion« im Februar 1979 werden chinesische Kriegsgefangene durch weibliche Angehörige der vietnamesischen Volksmiliz bewacht.

französischen Krieg in Indochina. Er leitete nahtlos über zum Feldzug in Algerien, zum Sturz der IV. Republik und zur Machtergreifung de Gaulles. Diese Ära de Gaulle überschattet noch das heutige Frankreich.

Für die USA wurde Vietnam zum Schicksal. Die Vereinigten Staaten von Amerika haben zum ersten Mal die Ohnmacht einer Supermacht erfahren müs-

Der Kinoheld Rambo soll den ungebrochenen Kampfwillen der besiegten Amerikaner verkörpern.

Eine Szene aus dem Film »Platoon«: Amerikanische Soldaten evakuieren die Bevölkerung, nachdem sie ein Dorf niedergebrannt haben.

sen gegenüber einem als drittrangig eingestuften Staat. Andererseits ist der Vietnamkrieg gewissermaßen zur strategischen Referenz geworden für die heutigen Partisanen-Kriege in aller Welt, sei es in Afghanistan, Salvador oder Angola.

Sogar die Bundesrepublik hat die Konsequenzen des Vietnamkrieges gespürt. Bei uns liefen die jungen Leute durch die Straßen und schrien: »Ho, Ho, Ho Tschi Minh«, und zu jenem Zeitpunkt vollzog sich die Schwenkung eines Teiles der deutschen öffentlichen Meinung von der kniefälligen Verehrung der USA hin zur anti-amerikanischen Hysterie.

Was nun den dritten Krieg in Indochina betrifft, die Auseinandersetzung zwischen Vietnam und China, so wird er an der Nordgrenze von Tonking ausgetragen, setzt sich jedoch in Kambodscha fort. Dort führen die Partisanen der Roten Khmer einen Stellvertreter-Krieg gegen die vietnamesische Besatzungsarmee, während sich im Hintergrund die beiden großen kommunistischen Mächte – Moskau und Peking – profilieren.

Am Anfang der leidvollen Geschichte dieses südostasiatischen Zwischenraums stehen die Kolonialpräsenz Frankreichs und der Verlust Indochinas durch die IV. Republik.

Am liebsten würde ich darüber den Titel setzen »Glorie et Misère de la France ein Indochine« – Glorie und Elend dieses letzten großen Kolonialabenteuers Frankreichs in Fernost. Von Anfang an bin ich dabei gewesen, und ich will nicht verschweigen, daß mich dieses Erlebnis zutiefst gezeichnet hat.

Die japanische Wende

Der alte Kaiserpalast in Hué in Zentralvietnam verdeutlicht, wie stark das vietnamesische Volk vor der französischen Kolonisation durch China beeinflußt war. Architektur und Anlage dieser Herrschaftszentrale erinnern an die »Verbotene Stadt« in

Peking. Die Vietnamesen hatten vom Reich der Mitte das Beamtensystem der Mandarine übernommen, den Konfuzianismus als staatstragende Sittenlehre, die Schrift, die Familiennamen, fast alle Facetten einer uralten Zivilisation. Der Kaiser von Annam – wie das Land damals benannt wurde – war ein Vasall des Kaisers von China. Daß das vietnamesische Volk durch diesen übermächtigen Nachbarn nicht total unterworfen und assimiliert wurde, kam einem Wunder gleich. Seit fast 2000 Jahren bewährt sich in den nördlichen Provinzen von Tonking die unglaubliche Widerstandskraft des kleinen vietnamesischen

Die Kaisergräber in der Nähe von Hué sind getreu dem chinesischen Vorbild errichtet. Die wellige Landschaft leitet über zum Fluß der Wohlgerüche, »la rivière des parfums«.

Zugeständnis an die Nähe hinduistischer Einflüsse: Elefanten nehmen am Festzug des kaiserlichen Nam-Giao-Festes teil.

Volkes. Annam bedeutet »Befriedeter Süden«. Die Selbständigkeit dieses kleinen Fürstentums war stets prekär.

Die katholische Kathedrale von Hanoi bleibt bis auf den heutigen Tag symbolisch für die Beharrungskraft der vietnamesischen Bevölkerung. Warum wurden im 18. und 19. Jahrhundert die europäischen – meist französischen – Missionare und Bischöfe so bereitwillig am Hof von Annam aufgenommen? Dieser christlich-europäische Einfluß sollte ein Gegengewicht bilden zur erdrückenden Herrschaft des konfuzianischen China. Die ersten Protektoratsgespräche mit dem französischen Staat, die Bekehrung zahlreicher Vietnamesen zum Katholizismus entsprachen nicht der kolonialen Unterwürfigkeit landesverräterischer Eliten, sondern dem weit verbreiteten Willen, das vietnamesische Volk vor der totalen Annexion durch China zu bewahren. Die Katholiken von Hanoi, die von den heutigen Machthabern im Zeichen des gottverneinenden Marxismus bedrängt werden, verkörpern auf ihre Weise eine selbstbewußte nationale Tradition.

Blicken wir zurück auf die frühere Zeit des französischen Kolonialismus. Indochina wurde zur sogenannten »Perle des Empire Colonial Français«. Der Kaiser von Annam wurde nicht länger mehr von wohlwollenden Protektoren umgeben, er wurde zur Marionette der fanzösischen Fremdherrschaft degradiert. Bei jedem Zeichen des Aufbegehrens wurde er

Die steinernen Wächter vor dem Mausoleum der Herrscher von Annam erinnern an die mehr als zweitausend Jahre alten Tonfiguren, die in der Umgebung der nordchinesischen Stadt Xian unlängst gefunden wurden.

entthront und durch einen gefügigeren Nachfolger ersetzt. Die Franzosen suchten das ferne Indochina in ein Spiegelbild der eigenen Zivilisation zu verwandeln. Die rue Catinat in Saigon und die eleganten Geschäftsstraßen von Hanoi wetteiferten mit den Auslagen der großen Boulevards von Paris. Die Oper von Hanoi glich in erstaunlicher Weise dem Musentempel des Charles Garnier in der Seine-Metropole. Die französischen Generalgouverneure, die in prächtigen Palästen in Hanoi residierten, verfolgten das ehrgeizige Ziel, ganz Südchina dem französischen Einfluß zu unterwerfen.

Das vietnamesische Volk, die Annamiten, wie man sie damals nannte, waren die Leidtragenden dieses gewaltigen Ausbeutungsprojekts. Die Kautschukplantagen, vor allem aber die Kohlegruben von Hongay in der Nähe der chinesischen Grenze, warfen gewaltige Profite ab. Die Kulis, oft Frauen, die zum Teil zwangsrekrutiert waren, mußten sich mit einem Hungerlohn zufriedengeben. In der klassenkämpferischen Darstellung von heute werden die ersten

Generalgouverneur Albert Sarraut, hier inmitten seiner hohen Kolonialbeamten, galt als der tüchtigste Verwalter Indochinas und wollte den französischen Einfluß auf die südlichen Provinzen des Reiches der Mitte ausdehnen.

Der Kaiser von Annam, Bao Dai, geleitet vom französischen Generalgouverneur, verläßt mit traditioneller Eskorte seinen Palast in Hué.

nationalistischen Aufstände der dreißiger Jahre im Raum von Yen Bai malerisch verklärt. Sie wurden von der Kolonialtruppe und von der Fremdenlegion erbarmungslos niedergeschlagen.

Gleichzeitig jedoch fanden zahlreiche junge Vietnamesen den Weg ins französische Mutterland. In den Hörsälen der Sorbonne gerieten sie in den Sog der »Civilisation Française«. Aber sie nahmen auch

Die katholische Kathedrale von Hanoi.

Das Theater von Hanoi, dem Vorbild der Pariser »Opéra« nachempfunden, dient heute vor allem den Kundgebungen der kommunistischen Partei Vietnams.

im Geschichtsunterricht die Botschaft der Französischen Revolution und der Menschenrechte auf.

In Frankreich waren sie gleichberechtigt und wohlgelitten, diese annamitischen Studenten. In die Heimat zurückgekehrt, mußten sie sich mit drittrangigen Stellungen abfinden und den Demütigungen bornierter Kolonialbeamter unterwerfen.

1940 wurde zum Schicksalsjahr des französischen Imperialismus in Fernost. Die Japaner landeten im nördlichen Tonking. Sie zwangen dem französischen Generalgouverneur ihre Truppenpräsenz auf, nachdem das Regime von Vichy vor der deutschen Wehrmacht in Europa kapituliert hatte. Noch bevor es zum offenen Konflikt zwischen Japan und Amerika kam, hatte die Armee des Tenno alle strategischen Stellungen Indochinas in ihrer Hand. Japan tolerierte jedoch das Fortbestehen einer französischen Kolonialverwaltung, die sich aus Opportunismus zum Regime des Marschall Pétain bekannte. Diese Kollaboration zwischen Japanern und Franzosen in Fernost führte zu unerwarteten Konsequenzen: Die Zwangsarbeit wurde für die Vietnamesen abgeschafft. Junge annamitische Kadergruppen wurden auf den Marschall Pétain eingeschworen und paramilitärisch ausgebildet. Der Kaiser von Annam, Bao Dai, gewann an Statur und Gewicht.

Unterdessen regte sich jedoch der bewaffnete Widerstand. In den nördlichsten Grenzprovinzen Indochinas formierten sich Partisanentrupps, die sowohl gegen die Japaner wie gegen die französischen Kolonialherren Überfälle organisierten. An ihrer Spitze stand ein bislang unbekannter Berufsrevolutionär, der sich den Namen Ho Tschi Minh zugelegt hatte. Den französischen Polizeidiensten war dieser Mann nicht ganz unbekannt. Ho Tchi Minh, zu der Zeit noch Fotoretuscheur unter dem Namen Nguyen

In den Luxushotels von Saigon und Hanoi traf sich die Elite des kolonialen Establishment.

Ai Quoc, hatte 1920 an der Gründung der kommunistischen Partei Frankreichs in Tours teilgenommen, später am großen asiatischen Völkerkongreß im sowjetischen Baku. Diesem vietnamesischen Kommunisten Ho Tschi Minh und seiner Sammlungsbewegung Vietminh kam zugute, daß Präsident Roosevelt ein deklarierter Feind der französischen Kolonialpräsenz in Fernost war. Zwischen Roosevelt und de Gaulle herrschte eisige Ablehnung.

Das landesübliche Bandenwesen, aber auch jede Form von politischem Aufbegehren der vietnamesischen Bevölkerung wurde von den Kolonialbehörden unerbittlich niedergeschlagen. Die Anführer wurden enthauptet.

Im März 1945 schlugen die Japaner zu. Sie hatten die Überzeugung gewonnen, daß die französischen Garnisonen in Indochina mit den Alliierten und den ersten Emissären de Gaulles konspirierten. Nur einer versprengten Kolonialtruppe unter General Alessandri gelang es, dem Massaker und der Internierung zu entweichen. Sie erreichte unter hohen Verlusten die Grenze Chinas.

Erstaunliche Verkehrung der Fronten im Frühjahr

Die Kohlegruben von Hongay, nahe der chinesischen Grenze, erzielten schon zur Kolonialzeit hohe Gewinne.

Die Lebensbedingungen der eingeborenen Kulis im Bergwerk von Hongay waren zur Kolonialzeit erbärmlich. Vor allem Frauen wurden für diese Arbeiten eingesetzt.

Soldaten des Tenno paradieren im Herzen von Saigon, auf der Hauptgeschäftsstraße, der rue Catinat.

Nach der Kapitulation Frankreichs erzwang das japanische Kaiserreich die Landung seiner Truppen in der französischen Kolonie Indochina, die sich dem Regime des Marschall Pétain angeschlossen hatte.

Bei der Gründung der kommunistischen Partei Frankreichs in Tours im Jahr 1920 trat als Vertreter der vietnamesischen Revolution ein junger Fotoretuscheur namens Nguyen Ai Quoc auf. Er sollte sich später Ho Tschi Minh nennen.

Ho Tschi Minh, ganz links im Kreis, nahm am Kominternkongreß teil, den die Sowjetunion 1922 in Moskau organisiert hatte. Der junge Fotolaborant war inzwischen Berufsrevolutionär geworden.

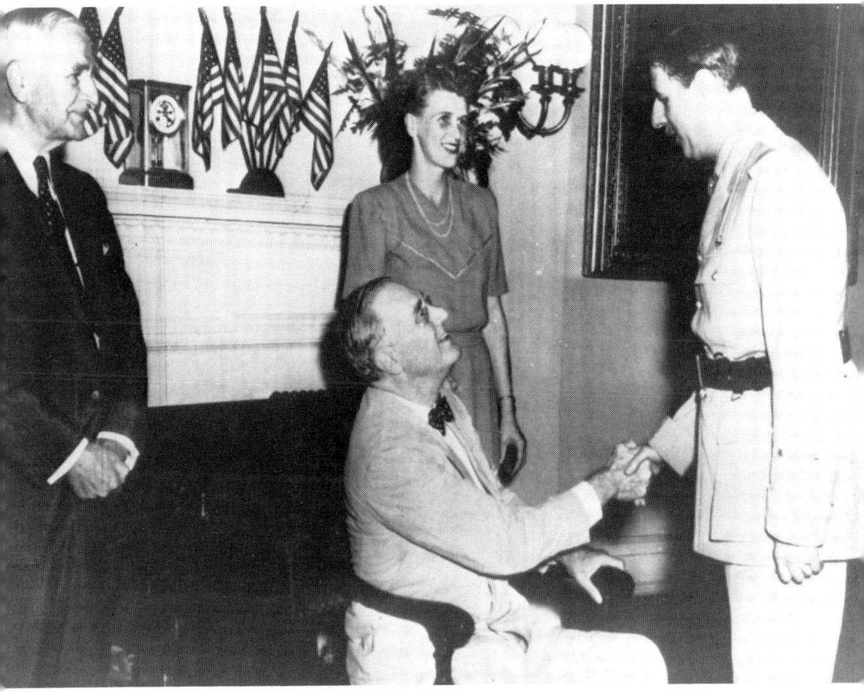

1945: Der amerikanische Geheimdienst OSS sympathisierte damals mit der nationalistischen Bewegung des Kommunisten Ho Tschi Minh. Der Vater des Roten Vietnam kooperierte mit dem Verantwortlichen des OSS in Südchina, Major Patti.

Die Beziehungen zwischen dem amerikanischen Präsidenten Franklin D. Roosevelt und General Charles de Gaulle, dem Führer des »Freien Frankreich«, waren stets gespannt. Roosevelt war militanter Antikolonialist und wollte Frankreich aus seiner ostasiatischen Besitzung Indochina verdrängen.

Am 2. September 1945 kapitulierte das Reich der aufgehenden Sonne. Bevor die Japaner jedoch ihre Flagge über Südostasien endgültig einholten, hatten sie alle Restansprüche des europäischen Kolonialismus den Todesstoß versetzt. In Vietnam hatten die Japaner den Kaiser Bao Dai zum Staatschef eines von Frankreich unabhängigen Vietnam proklamiert. Nach seiner Absetzung hat Bao Dai sich zu dieser kurzfristigen Scheinherrschaft skeptisch geäußert. »Wir haben das Für und Wider erwägt«, sollte er

Während der japanischen Okkupation Indochinas unterstützte der amerikanische Geheimdienst OSS die kleine kommunistische Partisanengruppe, die im Grenzgebirge zwischen Tonking und Südchina den Kampf aufgenommen hatte. Hier lassen sich amerikanische Nachrichtenoffiziere in brüderlicher Gemeinsamkeit mit Ho Tschi Minh (in kurzer Hose) und dem späteren Vietminh-Oberbefehlshaber Vo Nguyen Giap (mit Hut und Schlips) fotografieren.

später im französischen Exil sagen. »Was war diese Unabhängigkeit wert? Meine Minister haben mich gedrängt: ›Majestät, Sie können diese Unabhängigkeit nicht verweigern.‹ Dieses Wort ›Unabhängigkeit‹ war seit hundert Jahren bei uns tabu.«

Die wirklichen Unabhängigkeitsfeiern nach der japanischen Kapitulation fanden in Hanoi statt, wo Ho Tschi Minh das Heft an sich riß, seine bürgerli-

Am 2. September 1945 kapitulierte Japan. Die Unterzeichnung fand auf dem Schlachtschiff »Missouri« statt.

Sobald die Nachricht von der japanischen Niederlage bekannt wurde, fanden in Hanoi gewaltige Freudenkundgebungen statt. Die Organisation dieser Feiern lag bereits in den Händen der Kommunisten und ihrer patriotischen Sammlungsbewegung Vietminh.

Der letzte Kaiser von Annam, Bao Dai, war nach dem Erlöschen des französischen Protektorats von den Japanern vorübergehend zum unabhängigen Herrscher Vietnams ernannt worden. Sehr bald mußte er sich dem Revolutionär Ho Tschi Minh unterordnen, wurde dessen offizieller »Berater« und ging dann ins Exil.

Unter der roten Fahne mit dem gelben Stern wurde in Hanoi die unabhängige Republik Vietnam durch Ho Tschi Minh proklamiert.

chen und feudalen Gegner radikal ausmerzte und sich von der begeisterten Menge als dem Befreier Vietnams zujubeln ließ. Bao Dai mußte sich von nun an mit der Rolle eines Ratgebers Ho Tschi Minhs zufriedengeben.

Zum gleichen Zeitpunkt fand ein Rollenwechsel im Weißen Haus statt. Roosevelt war vor Kriegsende gestorben, und Präsident Truman teilte nicht die prosowjetische Leichtgläubigkeit seines Vorgängers.

In Präsident Harry Truman fand de Gaulle einen verständnisvollen Partner im Weißen Haus. Truman wurde sich auch sehr bald der sowjetischen Bedrohung in Europa und Asien bewußt.

Zum Zeichen ihrer Unterwerfung legten die japanischen Offiziere nach der Kapitulation des Reiches der aufgehenden Sonne ihre Samuraisäbel zu Füßen britischer Soldaten nieder.

Das eben zur Unabhängigkeit erwachte Vietnam war aufs äußerste bedroht. Die Alliierten waren übereingekommen, daß die chinesischen Truppen Marschall Tschiangkaischeks die ehemals französische Kolonie bis zum 16. Breitengrad besetzen würden. Der Einmarsch der Chinesen löste bei den Vietnamesen uralte Ängste aus.

Südlich des 16. Breitengrades nahmen die Engländer unter General Gracy die japanische Kapitulation und die Säbel der Samurai entgegen. Dank der Fürsprache Winston Churchills landeten auch erste Einheiten eines französischen Expeditionskorps. Im strömenden Monsunregen traf im Herbst 1945 General Leclerc in Saigon ein. Die weiße Bevölkerung schwärmte bereits von der Rückkehr der alten Kolonialherrlichkeit. In den Reisfeldern des Mekong-Deltas Cochinchinas kam es zu ersten Kämpfen.

Von der europäischen Bevölkerung Saigons wurde General Leclerc de Hautecloque, Oberbefehlshaber des französischen Expeditionskorps in Fernost, trotz strömenden Regens wie ein Sieger gefeiert.

Bei seiner Landung in Cochinchina stieß das französische Expeditionskorps auf vielfältigen Widerstand. Neben den Kommunisten kämpfte auch die synkretistische Sekte der Cao Dai, gegen die Rückkehr der Kolonialherren.

Leclerc, einer der engsten Vertrauten de Gaulles, schickte sich mit seinem in Eile zusammengetrommelten Expeditionskorps an, die aufständischen Nationalisten und Kommunisten im südlichen Cochinchina niederzuwerfen. Unter den vietnamesischen Partisanen, die dem Vordringen der französischen Einheiten einen relativ schwachen Widerstand entgegensetzten, befanden sich neben den Kommunisten des Vietminh vor allem auch religiöse Gruppierungen, die mit den Japanern aufs engste kollaboriert hatten. Dazu zählte die seltsame Mischsekte Caodai, die sowohl Buddha und Christus als auch Konfuzius und den französischen Dichter Victor Hugo verehrte. Hinzu kam die buddhistische Kriegersekte der Hoa Hao, die ebenso antifranzösisch wie antikommunistisch war. Beide Tendenzen sollten sich am Ende mit den Franzosen aussöhnen.

Tschiangkaischek besetzt Hanoi

Von Saigon aus stießen die ersten französischen Einheiten ins Mekong-Delta vor. Es begann der Krieg im Reisfeld.

In der allerersten Phase des französischen Indochina-Krieges im Winter 1945 bin ich mit den französischen Streitkräften in Saigon an Land gegangen. Wir sind dann in kleinen Gruppen ausgeschwärmt ins Mekong-Delta, im Süden von Vietnam. Wir haben nach

Die Bucht von Halong, deren Kalkfelsen zur chinesischen Provinz Kwangsi überleiten, ist eine der schönsten Landschaften der Welt. Hier sammelte sich die französische Flotte vor der Landung in der Hafenstadt Haiphong.

Partisanen gesucht und haben auch die verschiedensten Gruppierungen gefunden, teilweise angeführt durch Angehörige der gefürchteten japanischen Feldgendarmerie Kempetai. Es war eine verworrene Situation.

In Paris wußte niemand genau, was sich in Indochina abspielte. Französische Offiziere waren mit dem Fallschirm abgesetzt worden. Sie dachten, sie würden von der Bevölkerung als Befreier empfangen; statt dessen wurden sie – wenn ihnen nichts Schlim-

General Philippe Leclerc de Hautecloque, Oberbefehlshaber des französischen Expeditionskorps, der sich nie von seinem Spazierstock trennte und von Anfang an auf seiten de Gaulles gestanden hatte, setzte sich in Vietnam für eine Verständigung mit dem Revolutionsführer Ho Tschi Minh ein.

meres passierte – in Bambuskäfigen gesperrt und mit faulen Eiern beworfen. Was mich persönlich bei der ersten Kampfberührung beeindruckte, war die Präsenz von roten Fahnen bei den Partisanen. Es handelte sich also nicht um ein spätkoloniales Abenteuer, sondern das französische Expeditionskorps sah sich mit einer kommunistisch motivierten Revolutionsbewegung konfrontiert. Die rote Fahne mit dem gelben Stern, unter der die Freischärler Ho Tschi Minhs damals in den Kampf gingen, stand bereits symbolisch für jene kommunistische Revolution, die sich binnen kurzem des ganzen ostasiatischen Festlandes bemächtigen sollte. Es handelte sich um ein weltbewegendes und historisches Ereignis.

Von Anfang an richteten sich die Blicke der Politiker und Strategen auf den 16. Breitengrad, jene

Trennungslinie, die bei der japanischen Kapitulation gezogen worden war. Nördlich davon waren die Chinesen des Kuomintang einmarschiert, ein Alptraum für den Kommunisten und Patrioten Ho Tschi Minh. Diese Chinesen waren nämlich die Soldaten Tschiankaischeks, eines unerbittlichen Gegners des Kommunismus, der sich auf lokale Verbündete in der vietnamesischen Partei Vietnam Quoc Dan Dang stützen konnte. Die Chinesen galten ohnehin bei den Vietnamesen als der bedrohliche Erbfeind, die erdrückende Großmacht im Norden.

Ho Tschi Minh hatte die Lage im Grunde richtig analysiert, als er 1946 die Franzosen nach Nordvietnam kommen ließ. Er hatte erkannt, daß die franzö-

Der neue Generalgouverneur von Indochina, Admiral Thierry d'Argenlieu, hier in Begleitung Ho Tschi Minhs, war nicht bereit, einen Fetzen französischer Souveränität in Fernost preiszugeben. Nach seiner Abberufung kehrte d'Argenlieu in sein Karmeliterkloster zurück.

sische Rückkehr nur eine kurze Episode sein würde, während die Chinesen sich auf Dauer etablieren wollten. Am 9. März 1946 tauchte ein französischer Flottenverband vor der Hafenstadt Haiphong auf. Ich war bei diesen Kampfhandlungen zugegen. Wir wurden dort sporadisch durch Batterien beschossen, an die die Chinesen, weil sie die Kanonen nicht selbst bedienen konnten, gefangene Japaner gesetzt hatten. Spätestens bei diesem Zwischenfall hätte jedermann begreifen müssen, daß dieser verspätete Kolonialkrieg in einen Konflikt von gewaltiger asiatischer Dimension einmündete, dem Frankreich nicht gewachsen war.

Ein vietnamesischer Napoleon

Der Ausgang des französischen Indochinakrieges hat sich im Norden entschieden. Am 9. März 1946 erschien - wie gesagt - die französische Flotte in der bizarren Felslandschaft der Bucht von Halong. Ho

Im Sommer 1946 reiste Ho Tschi Minh (ganz rechts) nach Paris, um die Selbständigkeit seines Landes auszuhandeln. Sein Gesprächspartner, der französische Ministerpräsident Georges Bidault (Mitte), ging auf diese Ansprüche nicht ein.

Nach dem offenen Ausbruch der Feindseligkeiten im Winter 1946/47 zog sich Ho Tschi Minh in sein Bollwerk Vietbac zurück. Diese Hütte war sein Hauptquartier.

Tschi Minh und die Chinesen Tschiangkaischeks hatten der Landung des französischen Expeditionskorps im äußersten Norden Indochinas formal zugestimmt. Die Bucht von Halong leitet bereits zur südchinesischen Küste über. Von nun an sollte der Indochinakrieg im Schatten der großen Umwälzung stehen, die sich unter dem roten Banner Mao Tsetungs im Reich der Mitte vollzog.

Die erste Phase der Besetzung Tonkings, insbesondere der Hauptstadt Hanoi, vollzog sich ohne nennenswerte Zwischenfälle. Auch hier umjubelten die Kolonialfranzosen die Soldaten des General Leclerc als Befreier und Garanten der alten Ordnung. Aber in politischer Hinsicht war nichts geklärt. General Leclerc vertrat eine relativ liberale Linie gegenüber den Forderungen Ho Tschi Minhs, einen eigenen vietnamesischen Staat im lockeren Verbund mit Frankreich zu bilden. Die Soldaten des Vietminh verstärkten ihre Position in Hanoi neben der eben gelandeten französischen Kolonialarmee. Doch diese Zusammenarbeit war nicht nach dem Geschmack des neuernannten Generalgouverneurs für Indochina, Thierry d'Argenlieu, der vor dem Krieg Abt des Karmeliterordens gewesen war und die Mentalität eines Tempelritters bewahrt hatte.

Der Revolutionsführer erklärt anhand einer Landkarte eine Operation gegen die französischen Streitkräfte in Tongking.

Im Sommer 1946 reiste Ho Tschi Minh nach Frankreich, um mit dem damaligen Ministerpräsidenten Georges Bidault über den Status Vietnams in der sogenannten »Französischen Union«, einer Art Commonwealth-Kopie, zu verhandeln. Die Franzosen hatten ihre kolonialen Chimären noch nicht aufgegeben. Sie fürchteten um den Bestand ihrer Besitzungen in Afrika. Der Christdemokrat Bidault mißtraute zutiefst dem Kommunisten Ho Tschi Minh, der durch die Schule des Komintern gegangen war. Melancholisch und erfolglos reiste Ho Tschi Minh über Marseille wieder ab.

Im Dezember 1946 kam es zur offenen Schlacht. Nach einer Serie von blutigen Zwischenfällen legte die französische Schiffsartillerie das Hafenviertel von Haiphong in Schutt und Asche. Mehrere Wochen dauerte der erbitterte Kampf um den Besitz der Hauptstadt Hanoi. Der Vietminh zog den kürzeren. Das Delta des Roten Flusses und ein paar befestigte Ortschaften längs der chinesischen Grenze waren von nun an fest in französischer Hand. Die Partisanenverbände Ho Tschi Minhs - Vietminh genannt - zogen sich in eine unzugängliche Gebirgsgegend westlich von Hanoi, das sogenannte Vietbac, zurück. Dort installierte Ho Tschi Minh sein Hauptquartier und die Propagandazentrale für seine kommunistische Arbeiterpartei. Dort wurden auch die ersten primitiven Waffen geschmiedet. Alle Versuche der Franzosen, ihn durch Überraschungsaktionen der Fallschirmjäger in diesem Schlupfwinkel zu überwältigen, schlugen fehl. Im Vietbac gewann Ho Tschi Minh internationale Statur.

Die französische Indochinapolitik drehte sich im Kreise. Der neue und alte Kandidat für die höchste

Mao Tsetung besichtigt ein chinesisches Panzerregiment nach seiner endültigen Machtergreifung.

Staatsautorität im Schatten des verlängerten französischen Protektorats war der gleiche Kaiser Bao Dai, der kurzfristig von den Japanern zum unabhängigen Staatschef proklamiert worden war. Bao Dai verhandelte lange von seinem Exil in Hongkong aus und ging nur widerwillig und skeptisch auf die sehr begrenzte Rolle ein, die die Franzosen ihm anboten.

Die entscheidende asiatische Wende hatte sich unterdessen im Norden vollzogen. Am 1. Oktober 1949 hatte Mao Tsetung in Peking nach einer Reihe von Siegen über die Kuomintang-Armee Marschall Tschiangkaischeks die Volksrepublik China ausgerufen. Der Osten war rot. Es dauerte nicht lange, da tauchten die Divisionen Mao Tsetungs auch in den chinesischen Südprovinzen Kwangsi und Yünan auf. Die vietnamesischen Kommunisten verfügten nun über ein gewaltiges verbündetes Hinterland. In den Lagern von Kwangsi wurden die Freischärler Ho Tschi Minhs zu regulären Soldaten ausgebildet und mit modernem Material ausgerüstet.

Nachdem die Volksbefreiungsarmee Mao Tsetungs die Nordgrenze Französisch-Indochinas erreicht hat, stehen dem Vietminh die chinesischen Ausbildungslager zur Verfügung. Es entsteht eine reguläre nordvietnamesische Armee.

Im Frühjahr 1951 war es soweit. Die französischen Stützpunkte längs der chinesischen Grenze wurden vom Vietminh umzingelt und mußten fluchtartig geräumt werden. Die französische Armee erlitt ihre erste schwere Niederlage im Raum von Caobang und Langson.

Im überfluteten Reisdelta des Roten Flusses setzen die Franzosen ihre Amphibienfahrzeuge zur Bekämpfung des Gegners ein.

Als Stratege der vietnamesischen Revolutionsarmee profilierte sich nunmehr der frühere Geschichtsprofessor Vo Nguyen Giap. Dieser »vietnamesische Napoleon« sollte Weltgeschichte machen. Er wurde den Franzosen und später den Amerikanern zum Verhängnis. Die Regierung in Paris begann um die Existenz ihres Expeditionskorps in Indochina zu bangen. Die Kampfmoral der Truppe ließ nach.

Das Gesetz des Handelns war in der entscheidenden Nordregion von Tonking in die Hand des Vietminh übergegangen. In dieser Stunde der Not entsandte Frankreich seinen prestigereichsten Armeeführer, General de Lattre de Tassigny, nach Hanoi. De Lattre hatte sich im Zweiten Weltkrieg als Befehlshaber der Ersten französischen Armee einen Namen gemacht. Es gelang ihm, die entmutigten Truppen noch einmal aufzurichten. Als die neu strukturierten Divisionen General Giaps zum Sturm auf das Delta des Roten Flusses westlich von Hanoi bei Vinh Yen antraten, waren die Franzosen zur Abwehr bereit. Sie verfügten immer noch über die überlegene Feuerkraft, und sie besaßen Flugzeuge.

Frankreich hatte seinen angesehensten General, Jean de Lattre de Tassigny, 1951 nach Indochina geschickt. Er soll – angesichts einer äußerst kritischen Situation – die Wende herbeiführen.

Ho Tschi Minh und General Giap besprechen die Lage nach ihrem ersten großen Waffenerfolg von Caobang.

Der Vietminh kompensiert seine technische Unterlegenheit mit kriegerischer List. Hier werden Fallgruben mit tödlichen, teilweise vergifteten Bambusspeeren angelegt.

Aber die Herzen der Bevölkerung konnten die Franzosen nicht gewinnen. In den Flüchtlingskolonnen, die sich im umkämpften Delta von Dorf zu Dorf wälzten, bewegten sich Soldaten und Kommissare des Vietminh wie »der Fisch im Wasser«.

Im Sommer 1950 war der Korea-Krieg ausgebrochen. Präsident Truman empfing General de Lattre in Washington. Die Amerikaner in Korea, die Franzosen in Indochina wurden Verbündete. Sie hielten vergleichbare, unverzichtbare Eckpositionen

Auch in Vietnam wird der Krieg auf dem Rücken der Zivilbevölkerung geführt. Flüchtlingskolonnen bewegen sich auf den Deichen am Roten Fluß.

am Rand des riesigen roten Imperiums Mao Tsetungs. Die USA lieferten von nun an die Waffen und Flugzeuge für das französische Expeditionskorps. Sie bezahlten in harten Dollars mehr als 50 Prozent des französischen Fernost-Krieges. Bei dem damaligen miserablen Franc-Kurs war das für die schnellebigen Regierungen der IV. Republik in Paris ein gutes Geschäft.

Kein Wunder, daß dieser Krieg im Mutterland unpopulär wurde. Natürlich standen die Kommunisten mit Generalsekretär Maurice Thorez an der Spitze des Protestes. Aber nicht nur sie sprachen vom schmutzigen Krieg – »la sale guerre«.

Das Expeditionskorps im Delta des Roten Flusses hatte sich hinter einer Art Maginot-Linie aus Beton verschanzt. Die Partisanen des Vietminh ihrerseits versuchten mit handwerklichen, aber tödlichen Mitteln, den Franzosen immer neue Fallen zu stellen. Die vergifteten Bambusspitzen waren besonders gefürchtet. Die roten Kommissare verstanden es meisterhaft, die Komplizenschaft der Bauern zu nutzen und sich dem Zugriff der Franzosen zu entziehen. Sie überlebten in unterirdischen Tunnelsystemen.

General Eisenhower, der im Herbst 1952 zum Präsidenten der USA gewählt worden war, sprach zum ersten Mal von der Dominotheorie - von der Gefahr, daß die prowestlichen Staaten Südostasiens

Französische Fallschirmjäger springen über der Talmulde von Dien Bien Phu ab. In dieser Dschungelfestung wird die Entscheidungsschlacht gegen den Vietminh gesucht.

Kunming
CHINA
Langson
Dien Bien Phu
Hanoi
Haiphong
BURMA
LAOS
Vientiane
THAILAND
Hue
Danang
16. Breitengrad
VIETNAM
Bangkok
KAMBODSCHA
Phnom Penh
Saigon

Stück für Stück unter kommunistischen Einfluß geraten könnten. Seine Hauptanstrengung war jedoch auf die Beendigung des Korea-Krieges gerichtet.

»Die Ausbreitung des Kommunismus«, so erklärte Eisenhower, »muß abgeblockt werden, und zwar sofort. Das tun die Franzosen. Wenn der US-Kongreß also 400 Millionen Dollar für diesen Krieg bewilligt, so ist das keine Verschwendung. Wir wählen den billigsten Weg, um eine schreckliche Entwicklung zu verhindern. Es geht um unsere Sicherheit.«

Aber 1953 – nach Abschluß des Waffenstillstandes in Korea – waren die Franzosen wieder allein in ihrem aussichtslosen, in ihrem vermessenen Krieg.

Überwiegend französisch kontrollierte Gebiete in Vietnam um 1952.

Der Sieg der Ameisen

Die militärische Lage in den Jahren 1951 bis 1953 soll hier in einem kurzen Abriß skizziert werden: Die Franzosen hatten ihre Stellungen an der chinesischen Grenze unter schweren Verlusten räumen müssen. Sie konzentrierten sich jetzt auf die Verteidigung des Deltas am Roten Fluß. Hier bildete sich der Schwerpunkt des Kampfes heraus. In Zentral-Annam hielten die Franzosen einige Städte, unter anderem Hué und Danang. Ganz im Süden kontrollierten sie das Mekong-Delta und Saigon. In jenem südlichsten Teil, in Cochinchina, hat zur Zeit der Franzosen – dank der Sekten übrigens, die mit den Franzosen aufs engste kooperierten – eine größere Ruhe und Befriedung geherrscht als jemals zur Zeit des amerikanischen Krieges. Außerdem gaben die Franzosen auch noch in Kambodscha und Laos den Ton an, in den beiden hinduistisch beeinflußten Königreichen, die seit der Kolonisation zu Indochina gehörten.

Es ist interessant, das militärische Aufgebot im ersten und zweiten Vietnamkrieg zu vergleichen. Die Amerikaner sollten später in Südvietnam mit mehr als einer halben Million GIs präsent sein. Die Armee der Französischen Union – so hieß sie damals – belief

Vor der Entscheidung, die französische Herausforderung von Dien Bien Phu mit einer Generaloffensive zu beantworten, fanden erregte Diskussionen im Politbüro der vietnamesischen Arbeiterpartei statt.

sich hingegen für ganz Indochina auf nur 160000 Mann. Davon waren 60000 Mutterlandsfranzosen, ausschließlich Freiwillige. Dazu kamen etwa 20000 deutsche Fremdenlegionäre. Der Rest setzte sich aus Algeriern, Marokkanern und Schwarzen aus den afrikanischen Kolonien Frankreichs zusammen. Mit diesem relativ kleinen Expeditionskorps sollten Nord- und Süd-Vietnam sowie Laos und Kambodscha gehalten werden.

Die Franzosen erlitten immer schwerere Verluste, ohne den Vietminh, den Gegner, wirklich packen zu können. Sie rieben sich im Reisfeld auf, fielen der Zermürbungstaktik des General Giap anheim. Deshalb versuchte das französische Oberkommando Ende des Jahres 1953, eine Entscheidungsschlacht zu erzwingen. Es ging darum, dem Vietminh das Rückgrat zu brechen, »casser du Viêt«, wie man damals sagte. General Navarre suchte sich dafür die Festung Dien Bien Phu aus, die schon im Grenzgebiet von Laos lag.

Am 20. November 1953 sprangen französische Fallschirmjäger über der Talmulde von Dien Bien Phu ab und besetzten diese strategische Schlüsselstellung im Handstreich. Das Oberkommando ging davon aus, daß die Divisionen des Vietminh niemals in der Lage wären, diese abseits gelegene Dschungelfestung am Rande von Laos zu überrennen. Der Vietminh sollte sich dort ausbluten. Das war das Ziel dieser Operation. Diese Rechnung war ohne die

Die Fahrräder von Dien Bien Phu sind in die Kriegsgeschichte eingegangen. Auf steilen Gebirgspisten mühten sich die Soldaten und die Trägerkolonnen des Vietminh mit ihrem Nachschub bis an den Rand der Talmulde von Dien Pien Phu.

Schon ein paar Tage nach der Offensive des Generales Giap glich die französische Festung Dien Bien Phu einem Schlachtfeld des 1. Weltkrieges.

Entschlossenheit Ho Tschi Minhs und die Kriegskunst General Giaps gemacht worden. Das Politbüro der kommunistischen Arbeiterpartei beschloß, sämtliche verfügbaren Divisionen nach Dien Bien Phu zu verlegen. Es begann eine wohl einmalige militärische Vorbereitung. In endlosen Ameisenzügen transportierten vietnamesische Trägerkolonnen und Soldaten Waffen und Lebensmittel in den Umkreis der französischen Festung Dien Bien Phu. Die legendären

Die Verwundeten und die Gefangenen von Dien Bien Phu werden nach der Niederkämpfung der letzten Widerstandsnester in Auffanglager nahe der Küste abtransportiert.

Fahrräder, die auf den Gebirgspfaden benutzt wurden, transportierten oft 200 Kilogramm Gewicht. Vor allem gelang es den Vietnamesen, unter ungeheuren Mühen, Artillerie auf jene Höhen zu schaffen, die die Mulde von Dien Bien Phu beherrschen. Damit hatten die Franzosen in ihrem Überlegenheitswahn nicht gerechnet.

Die Schlacht von Dien Bien Phu begann am 13. März 1954. In der ersten Phase stürmten die Vietminh-Regimenter in das konzentrierte Feuer der Franzosen und eroberten ein paar Außenstellungen. Dann verlegten sich die Soldaten General Giaps aufs Schanzen. Sie gruben sich bei Tage immer näher an

In der Schlacht von Dien Bien Phu haben sich vor allem französische Fallschirmjäger und deutsche Fremdenlegionäre in aussichtsloser Situation bewährt.

den zentralen Befehlsstand des französischen General de Castries heran. Bei Nacht attackierten sie. Unter den 16000 Soldaten des General de Castries kämpften vor allem die französischen Fallschirmjäger und die deutschen Fremdenlegionäre mit großer Bravour. Am Ende wurden sie von der todesmutigen Menschenlawine des Vietminh erdrückt. Die rote Fahne mit dem gelben Stern - das Emblem der asiatischen Revolution - wurde auf dem französischen Befehlsbunker gehißt. Die Überlebenden der Garnison von Dien Bien Phu - manche waren noch in der letzten Woche nachts mit Fallschirmen in den heißumkämpften Kessel abgesprungen - traten den Weg in die Gefangenschaft an. Die Festung Dien Bien Phu war verloren. Die totale Niederlage Frankreichs in Indochina war jetzt nur noch eine Frage von Wochen.

Gehirnwäsche im Gefangenenlager

In dieser schwersten Stunde Frankreichs in Indochina bin ich wieder nach Hanoi geeilt. Dort, im Delta des Roten Flusses, wartete das französche Expeditionskorps auf den Todesstoß des Vietminh. Es war höchste Zeit, daß der Waffenstillstand von Genf unterschrieben wurde. Die Nacht dieses Waffenstillstandes habe ich im umkämpften Reisfeld verbracht. Es wurde buchstäblich bis zur letzten Minute aus allen Rohren geschossen. Dann verabschiedete ich mich von dem Oberst, der das dortige Regiment der

Transparente in deutscher Sprache forderten die Fremdenlegionäre zum Überlaufen auf und versprachen ihnen baldige Heimkehr.

französischen Kolonial-Infanterie befehligte, und fuhr zurück nach Hanoi. »Wir werden uns ja bald wiedersehen . . . in Algerien«, rief der Oberst mir nach, und er hat Recht behalten.

Bei der Waffenstillstandskonferenz von Genf, die den französischen Indochinakrieg beendete, hat neben dem französischen Ministerpräsidenten Pierre Mendès-France der chinesische Außenminister Tschou Enlai eine entscheidende Rolle gespielt.

In Genf wurde Vietnam in zwei Staaten geteilt. Die Trennungslinie verlief dieses Mal am 17. Breitengrad, eine Markierung, die schicksalhaft werden sollte für den kommenden, den amerikanischen Krieg. Das Ende Frankreichs in Indochina war besiegelt. Die Franzosen haben ihren Abzug planmäßig in Phasen gestaffelt. Sie haben sich mit Würde zurückgezogen, und sie haben den Vietnamesen erlaubt, die auf ihrer Seite gefochten oder die sich mit ihnen kompromittiert hatte, rechtzeitig nach Süden zu flüchten und

sich abzusetzen. Die USA – wir werden das später noch sehen – sollten sich in vergleichbarer Situation anders verhalten.

Rückblickend drängt sich mir folgende Differenzierung zwischen Franzosen und Amerikanern auf: Bei den Amerikanern hinterließ ihr Vietnam-Krieg Wut, Rachegefühle und Frustration. Das französische Offizierskorps hingegen hat jahrelang in den Bergen Algeriens mit Wehmut und Nostalgie seiner verlustreichen Präsenz in Indochina nachgetrauert. Die französischen Indochina-Krieger krankten am »Mal Jaune«, an der »Gelben Sehnsucht«, wie einer von ihnen es poetisch formulierte.

Auf der Konferenz von Genf, die den Waffenstill-

Sieger in Genf war der nordvietnamesische Unterhändler Pham Van Dong, der von seinen kommunistischen Verbündeten Tschou Enlai (rechts) und Gromyko (links) unterstützt wurde.

Unter dem Jubel der Bevölkerung zieht die vietnamesische Revolutionsarmee im befreiten Hanoi ein.

stand mühselig vorbereitet hatte, offenbarte sich die gewaltige Gewichtsverlagerung in Asien. Der chinesische Außenminister Tschou Enlai war die Zentralfigur. Zur Überraschung der Franzosen wirkte er auf den vietnamesischen Verhandlungspartner Pham Van Dong mäßigend ein und drängte auf Akzeptierung einer Demarkationslinie am 17. Breitengrad. Auf französischer Seite hatte Ministerpräsident Pierre Mendès-France in der Stunde der größten Not eine breite nationale Koalition von den Sozialisten bis zu den Gaullisten zustande gebracht. Mendès-France mußte seinen Kopf hinhalten für einen verlorenen Krieg, den andere eingebrockt hatten.

Die französischen Soldaten – und vor allem die französischen Offiziere – waren in den Gefangenenlagern des Vietminh einer intensiven Gehirnwäsche und massiver propagandistischer Schulung unterworfen worden. Sie entdeckten dabei die Kraft der Ideologie und die sogenannte psychologische Kriegsführung, die sie später - während des Algerien-Feldzuges - ohne Erfolg gegenüber den Maghrebinern zu praktizieren suchten.

Im Oktober 1954 räumten die Franzosen die alte Kolonialhauptstadt Hanoi und das Delta des Roten Flusses. Der Rückzug und die Evakuierung vollzogen sich nach einem präzis ausgearbeiteten Stufenplan.

Vor der Einschiffung seiner letzten Soldaten besuchte der französische Oberbefehlshaber in Tonking, General Cogny, die Gräber der Gefallenen. Er nahm Abschied von den Toten Frankreichs und von einer knapp hunderjährigen Kolonialära, die ange-

Die Bevölkerung von Hanoi richtet sich auf ein neues, ungewisses Leben unter kommunistischer Herrschaft ein.

Nordvietnamesische Soldaten haben die Zitadelle von Hanoi, das Symbol der französischen Fremdherrschaft, besetzt.

sichts der dreitausendjährigen Geschichte Asiens wie eine kurze Episode erscheinen mußte.

General Giap kommentierte später die Ursachen des vietnamesischen Sieges und des französischen Scheiterns in Indochina: »In der Strategie und in der Taktik kombiniert unsere Kriegswissenschaft alle Formen des Kampfes, die militärische und die politische. Für uns gibt es keine reine Militärstrategie, sondern eine Gesamtstrategie, eine Synthese. Das macht die Stärke unserer Kriegskunst aus.«

Der massive Einmarsch der siegreichen Truppen Ho Tschi Minhs war sorgfältig inszeniert worden. Der Jubel kannte keine Grenzen. In diesen Tagen nationaler und ideologischer Begeisterung wurde deutlich, daß sich die kommunistische Arbeiterpartei Nordvietnams mit der Spaltung ihres Vaterlandes in zwei Hälften nördlich und südlich des 17. Breitengrades niemals abfinden würde.

Die blau-weiß-rote Trikolore war der roten Flagge mit dem gelben Stern der asiatischen Volkserhebung gewichen.

Der kleine vietnamesische »Bo Doi« trat stolzgeschwellt die Wache vor dem eroberten Palast des französischen Generalgouverneurs an und träumte von neuen Siegen.

Nächste Seite:
Trügerische Ruhe in den Reisfeldern Vietnams nach dem Waffenstillstand von Genf und der Niederlage Frankreichs.

Die US-Intervention in Vietnam: Vom Diktator Diem bis zur Tet-Offensive

Nicht nur in Nordvietnam, auch im Süden werden die französischen Fahnen eingeholt.

Im Sommer 1954 triumphierten Ho Tschi Minh und seine kommunistische Arbeiterpartei in Hanoi. Aber die sozialistische Volksrepublik umfaßte nur die Hälfte des vietnamesischen Territoriums bis zum 17. Breitengrad. Südlich davon, so schien es, waren Friede und Ordnung eingekehrt. Aus dem fruchtbaren Mekong-Delta hatten sich die kommunistischen Partisanen nach Norden zurückgezogen und respektierten das Genfer Waffenstillstandsabkommen. In

Saigon hatte sich ein nationalvietnamesisches Regime etabliert. Die Illusion kam vorübergehend auf, der Vietnamkrieg sei zu Ende gegangen und das Land bliebe in seiner Spaltung stabilisiert. Ähnlich war es ja auch in Korea zu einem Modus vivendi nördlich und südlich des 38. Breitengrades gekommen. Die Waffen ruhten zwar in Südvietnam, aber der scheinbar friedliche Alltag, der sich in den Dörfern und Reisfeldern entfaltete, war trügerisch. Die neue Tragödie ließ nicht lange auf sich warten.

Auf die Niederlage der Franzosen im Norden folgte unerbittlich ihre Vertreibung auch aus dem

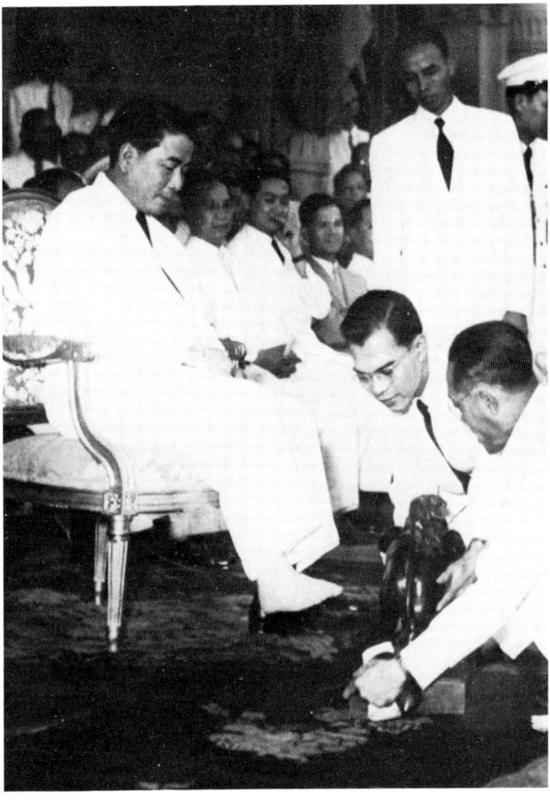

Der katholische Mandarin Ngo Dinh Diem übernimmt mit Unterstützung der Amerikaner die Präsidentschaft der Republik Vietnam, des antikommunistischen Teilstaates südlich des 17. Breitengrades.

An die Stelle der Franzosen treten die ersten amerikanischen »Ratgeber«. Hier werden Angehörige von Gebirgsstämmen in Annam an der Waffe ausgebildet.

Süden Vietnams. Auf Druck der Amerikaner wurde als Regierungs- und bald als Staatschef von Südvietnam ein hoher Mandarin aus der alten Kaiserstadt Hué berufen. Ngo Dinh Diem war ganz auf die USA eingeschworen, und er war ein häufiger Gast in Washington. Diem war ein streitbarer Antikommunist. Er hatte sich stets als Gegner der französischen Protektoratsmacht ausgewiesen.

Der Junggeselle Ngo Dinh Diem war von einer

ehrgeizigen Sippe umgeben. Besonders publikumswirksam war seine schöne Schwägerin Madame Nhu, die die aggressive Wehrhaftigkeit des südlichen Teilstaates, der Republik Vietnam, verkörperte. Bei der amerikanischen Presse, die von nun an großen Einfluß auf die Entwicklung in Saigon nahm, war die elegante, scharfzüngige Madame Nhu keineswegs beliebt. Die Frage eines Reporters, ob sie Angst vor dem Tod habe, erschien ihr geradezu lächerlich.

Präsident Diem holte US-Militärberater ins Land, nachdem er die Franzosen fortgeschickt hatte. Die US-Advisors übernahmen die Ausbildung jener umfangreichen vietnamesischen Nationalarmee, die in den letzten Jahren ihres Indochinakrieges noch von den Franzosen aufgestellt worden war. Ngo Dinh Diem brachte die Stärke dieser Truppe auf 300000 Mann. Washington hatte den Waffenstillstandsvertrag von Genf ohnehin nicht unterzeichnet und schickte jetzt gewaltige Mengen von Kriegsmaterial nach Saigon.

In der Umgebung des katholischen Diktators Ngo Dinh Diem macht vor allem seine schöne Schwägerin Madame Nhu Schlagzeilen mit ihren provozierenden Erklärungen.

Vor der kommunistischen Herrschaft flüchten rund eine Million vietnamesischer Katholiken aus Nordvietnam nach Süden. Die Franzosen hatten diese Abtransporte noch in letzter Stunde auf ihren Schiffen ermöglicht.

Nach dem Abzug der Franzosen fanden in Nordvietnam Schauprozesse von Regimegegnern statt. Ein Teil des Mandarinats, des prowestlichen Bürgertums und viele antikommunistische Nationalisten wurden hingerichtet.

Karte: Über den Ho-Tschi-Minh-Pfad sickerten nordvietnamesische Verstärkungen während des amerikanischen Indochinakrieges nach Südvietnam ein.

In Nordvietnam war inzwischen die anfängliche Euphorie schweren inneren Spannungen gewichen. Die katholische Minderheit hatte die Räumungstermine der Franzosen benutzt, um per Flugzeug und per Schiff nach Süden zu flüchten. Mehr als eine Million Menschen machten sich damals unter Führung ihrer Priester und mit Hilfe französischer Logistik auf den Weg nach Saigon und Cochinchina. Sie stärkten dort das diktatorische Regime des katholischen Mandarins Ngo Dinh Diem. Schon damals – in den Jahren 1954 und 1955 – gab es »Boat People« in Vietnam. Ho Tschi Minh hatte die Kollektivierung der Landwirtschaft im Norden verfügt, sobald der Kriegslärm verhallt war. Diese radikale Bodenreform wurde zwar von der offiziellen Propaganda verklärt, stieß aber auf verzweifelten Widerstand der Bauernbevölkerung im Delta des Roten Flusses. Das Regime

CHINA
NORD-
VIETNAM
Hanoi
Haiphong
BURMA
LAOS
Vientiane
17. Breitengrad
Ho-Tschi-Minh-Pfad
Hue
Danang
THAILAND
Bangkok
KAMBODSCHA
Nha Trang
Phnom Penh
SÜD-
VIETNAM
Saigon

von Hanoi zeigte sich jetzt von seiner unerbittlichen dogmatischen Seite. Großgrundbesitzer, aber auch mittlere Bauern, Kulaken, wurden in Schauprozessen einer ideologisch aufgeheizten Bevölkerung vorgeführt. Nordvietnam sollte sich von diesem kompromißlosen Übergang zur sozialistischen Kollektivierung, die Parteisekretär Truong Chinh unerbittlich angeordnet hatte, nicht mehr erholen.

In aller Heimlichkeit organisiert sich auch im Süden der kommunistische Widerstand gegen das konservative Regime von Präsident Diem.

Kampf der Geheimdienste

Mit der Machtergreifung des Mandarins Ngo Dinh Diem wurde auch Amerika in den Vietnamkrieg verstrickt. Die USA durchliefen den schmerzlichen Weg von überheblicher Siegesgewißheit bis hin zum totalen Debakel.

Nach dem Genfer Waffenstillstand hatten die Franzosen noch eine Weile gehofft, sie könnten sich wenigstens im Süden Vietnams behaupten. Es begann ein Krieg der Geheimdienste: Franzosen gegen Amerikaner. Die neu organisierte National-Armee Ngo Dinh Diems in Südvietnam stand auf seiten der Amerikaner. Die Franzosen stützten sich auf die diversen Sekten des Mekong-Deltas, Caodai und Hoa Hao, und vor allem auf die effizienten, aber ziemlich grausamen Flußpiraten – die Binh Xuyen – in Saigon. Natürlich haben die Franzosen den kürzeren gezogen. Zu jenem Zeitpunkt wurde die Domino-Theorie von Präsident Kennedy übernommen. Auch er befürchtete, daß Südostasien Stück für Stück abbröckeln und dem Kommunismus anheimfallen würde. Kurioserweise werden heute ähnliche Überlegungen, wie sie damals für Südostasien formuliert wurden, in Mittelamerika angestellt.

Die Rache der Madame Nhu

Im Jahr 1959 wurde in Vietnam wieder geschossen. Knappe fünf Jahre hatte der Genfer Waffenstillstand gedauert. Dann gab Ho Tschi Minh seinen Partisanen den Befehl, in Südvietnam einzusickern. Der Nachschub für die revolutionäre Aufstandsbewegung, die bald unter dem Namen Vietkong Schlagzeilen machte, bediente sich des Territoriums des neutralen Laos. Durch die Berge und den Dschungel des langgezogenen Königreichs Laos, dessen Neutralität nur auf dem Papier existierte, entfaltete sich eine systematische Truppenverlagerung nach Süden. Der Begriff des Ho-Tschi-Minh-Pfades kam allmählich auf.

Die kleinen Partisanentrupps, die den Kampf im Dschungel aufnehmen, werden Vietkong genannt. Diese nationale Befreiungsfront von Südvietnam bringt die Regierungsarmee von Saigon zusehends in Bedrängnis.

Präsident John F. Kennedy traf die Entscheidung zur amerikanischen Intervention in Vietnam zunächst nur mit kleinen Spezialeinheiten. Aber die Kriegsmaschine hatte sich in Gang gesetzt.

Die Regierung Südvietnams ließ sogenannte Wehrdörfer bauen, um die Bevölkerung des Mekong-Deltas vor dem Zugriff der kommunistischen Partisanen abzuschirmen.

Der neue Bürgerkrieg war in vollem Gang. Verhaftungen und Exekutionen häuften sich.

Im Januar 1961 hatte John F. Kennedy Eisenhower in der Präsidentschaft abgelöst. Kennedy war nicht bereit, der militärischen Unterwanderung eines südvietnamesischen Verbündeten tatenlos zuzusehen. Er ließ eine Spezialtruppe zur Niederwerfung subversiver Elemente aufstellen, die »Special Forces«, die in Vietnam gemeinsam mit den Truppen Präsident Diems die Partisanenbekämpfung aufnahm.

Das Regime von Saigon versuchte, dem wachsenden Erfolg des kommunistischen Vietkong mit der Errichtung strategischer Wehrdörfer zu begegnen, wie es bereits die Franzosen getan hatten. Die Dinge schienen sich im Kreise zu drehen.

Präsident Kennedy engagierte sich persönlich. »Südvietnam wird angegriffen«, rief er seinen Landsleuten zu, »manchmal durch eine Guerillabande, neuerdings in Bataillonsstärke. Die Grenzen von Burma, Kambodscha und Indien sind wiederholt

Gegen die Herrschaft des katholischen Diktators Ngo Dinh Diem sammelten sich die Buddhisten zum Widerstand. Zum Zeichen des Protestes ließen sich buddhistische Mönche mit Benzin übergießen und steckten sich selbst in Brand.

verletzt worden. Das friedliche Volk von Laos läuft Gefahr, seine junge Unabhängigkeit zu verlieren. Niemand kann hier von einem Befreiungskrieg reden.«

Der Buddhismus wurde - plötzlich und unerwartet - zur politischen Wendemarke in Südvietnam. Im Zeichen Gautama Buddhas formierte sich eine weitgespannte Opposition gegen die betont katholisch ausgerichtete Alleinherrschaft der Mandarin-Familie des Präsidenten Diem. Die buddhistischen Mönche hatten sich bisher jeder politischen Einmischung enthalten. Jetzt wurden diese Bonzen - ein paar fromme buddhistische Mönche - zur Speerspitze eines revolutionären Aufbegehrens, das zweifellos von kommunistischen Agenten unterwandert war. Was nutzten die Zwangsmaßnahmen der Polizei, als sich nunmehr einige fromme Bonzen aus Protest mit Benzin übergossen, anzündeten und wie lodernde Fackeln in den Straßen von Saigon verbrannten. Die

Mit Zustimmng der Amerikaner putschte die südvietnamesische Armee gegen den Diktator Diem. Die Begeisterung dauerte nicht lange.

Nach der Ermordung John F. Kennedys trat Präsident Lyndon B. Johnson das schwere Erbe an. Er traf die Entscheidung, den Sieg in Vietnam unter massivem Einsatz amerikanischer Streitkräfte davonzutragen.

Tage des Diem-Regimes waren gezählt. Madame Nhu trieb die Dinge mit zynischen Bemerkungen auf die Spitze.

»Was haben diese Buddhisten getan?« spottete sie. »Sie haben einen ihrer Mönche als Barbecue geröstet, nachdem sie ihn vorher irregeführt hatten. Und selbst für dieses Barbecue haben sie importiertes Benzin verwendet.«

Inzwischen waren die Truppen des Vietminh zur zweiten Phase des revolutionären Krieges übergegangen. Sie griffen in Bataillonsstärke an und fügten der national-vietnamesischen Armee schwere Niederlagen zu. Nach amerikanischen Schätzungen wurde damals pro Woche ein Bataillon der Regierungsarmee aufgerieben. Der Bürgerkrieg war in vollem Gange.

In der Nacht zum 1. November 1963 putschte die Armee von Saigon. Die Panzer rollten auf den Präsidentenpalast zu. Der Diktator Diem, der mit seinem Bruder nach Cholon geflohen war, wurde ermordet. Jedermann in Saigon wußte, daß der

Die südvietnamesische Offizierskamarilla (oben links) hatte Schwierigkeiten, sich auf einen neuen Staats- und Regierungschef zu einigen. Auf den unfähigen General Canh (oben rechts) folgte der Fliegergeneral Nguyen Cao Ky (darunter), der dieser Aufgabe ebenfalls nicht gewachsen war.

amerikanische Geheimdienst CIA das Signal zu dieser Militärrevolte gegeben hatte.

Drei Wochen später wurde Präsident Kennedy in Dallas ermordet. Er hatte Diem, den treuen Verbündeten der USA, dem Anschlag seiner Mörder ausgeliefert. Jetzt sahen viele Vietnamesen in dem gewaltsamen Tod Kennedys einen Akt schicksalhafter Nemesis. Von nun an würde die Last des Krieges in Südostasien, in den Amerika auf Betreiben Kennedys verstrickt worden war, auf den Schultern des Nachfolgers Lyndon B. Johnson ruhen.

Madame Nhu hatte sich in ihrem römischen Exil in eine Art Rachegöttin verwandelt, die den USA Arroganz und Verachtung für alle ihre Verbündeten vorwarf.

Präsident Diem war beseitigt. Er war nicht ersetzt. Die Generale von Saigon intrigierten gegeneinander. Der gemäßigte Heerführer Duong Van Minh, »Big Minh« genannt, war schnell ausgeschaltet. An seine Stelle trat der General Canh mit dem kleinen Kinnbart, den die eigene Truppe nicht ernstnahm. Auch

Inzwischen verlor die südvietnamesische Regierungsarmee ein Bataillon pro Woche.

Fliegergeneral Ky gab als Regierungschef eine schwache Figur ab, wie er sehr viel später im amerikanischen Exil selber eingestand.

So schilderte er rückblickend den Tag seiner Beförderung: »Sechzig oder siebzig Militärs waren im Raum. Keiner wollte Regierungschef werden. Da

Amerikanische Zerstörer eröffneten in der Tonking-Bucht das Feuer auf nordvietnamesische Schiffe und lieferten damit dem Weißen Haus den Vorwand für das bewaffnete Eingreifen Amerikas.

Am Strand von Danang ging als erste geschlossene Einheit aus den USA ein Regiment der »Ledernacken«, der »marines«, an Land.

Statt des erwarteten feindlichen Widerstandes wurden die ersten GIs von Schulmädchen empfangen, die ihnen Blumengirlanden überreichten.

sagte General Thieu: ›Ich schlage Ky vor‹, und alle stimmten zu. Ich sagte: ›Erst muß ich mit meiner Frau sprechen‹, und als ich ihr von dem Angebot erzählt habe, war sie überhaupt nicht begeistert. Sie sagte: ›Oh Gott, du als Premierminister.‹ Tatsächlich bin ich kein guter Politiker. Was ich am besten kann, das ist ein Flugzeug fliegen.«

Robert McNamara, der damalige amerikanische Verteidigungsminister und spätere Weltbankpräsident, war zutiefst überzeugt, daß der Vietnamkrieg wie nach den Regeln eines Computerspiels zu gewinnen sei.

Die Situation der südvietnamesischen Armee wurde immer unhaltbarer. Der Vietkong übernahm mit massiver nordvietnamesischer Hilfe weite Landesteile südlich des 17. Breitengrades. Die Stunde war reif für eine massive amerikanische Intervention, wenn Saigon und die Republik Südvietnam nicht an die Kommunisten fallen sollten.

Im Sommer 1964 war es soweit. Im Golf von Tonking griffen angeblich nordvietnamesische Schnellboote amerikanische Zerstörer der 7. Flotte an. Erst sehr viel später sollte sich erweisen, daß dieser Zwischenfall, der Präsident Johnson den Vorwand zur militärischen Eskalation lieferte, durch eine Provokation der US-Navy ausgelöst worden war. Aus Washington kam der Befehl zur Bombardierung Nordvietnams. Der zweite Indochinakrieg – der Krieg der Amerikaner – war entbrannt. In den USA und auch in Europa zweifelte kaum jemand daran, daß es der gewaltigen Bomberflotte der USA sehr schnell gelingen würde, Ho Tschi Minh zur Räson zu bringen oder – wenn nötig – die Kommunisten des Nordens »in die Steinzeit zurückzubombem«, wie General Curtis Le May es ausdrückte.

Im März 1965 gingen die ersten US-Marines an Land. Sie waren nur die Vorhut einer gewaltigen Kriegsmaschine. Die Stärke der amerikanischen Truppenpräsenz in Südvietnam sollte sich binnen kurzer Zeit auf mehr als 500 000 GIs beziffern. Wer hätte beim Anblick dieses martialischen Schauspiels geahnt, daß die stärkste Macht der Welt in ihr Unglück rennen würde.

Der amerikanische Verteidigungsminister Robert

McNamara glaubte, mit seinen Computern den eigenen Sieg mathematisch errechnet zu haben, und schwelgte in Triumphstimmung: »Wir werden so lange bleiben und so viel Hilfe leisten, daß die Schlacht gegen den kommunistischen Aufstand gewonnen wird.«

Die Soldaten aus den USA waren von der Heiligkeit ihrer Mission durchdrungen. »Onward, christian soldiers« sangen sie während der Feldgottesdienste. Die Militärgeistlichen sorgten dafür, daß bei den jungen Amerikanern kein Zweifel am Glauben in ihr eigenes Gesellschaftsmodell, in ihr Volk und ihr Regierungssystem aufkam.

Deutsche Pioniere für Vietnam?

Von Anfang an sind die Amerikaner in Vietnam von der Überzeugung ausgegangen, sie hätten einen Kreuzzug gegen den Kommunismus zu führen. Die

Die USA waren in Südostasien angetreten, um einen Kreuzzug gegen den Kommunismus zu führen. Es bedurfte langer Zeit, ehe sich die Feldgeistlichen ihrer zweideutigen Mission bewußt wurden.

Das Lazarettschiff »Helgoland« wurde im Auftrag der Bundesregierung vom Deutschen Roten Kreuz nach Saigon entsandt. Diese Präsenz im Herzen der alten Kolonialmetropole sollte ursprünglich Solidarität mit den USA bekunden. Die Hilfsaktion der »Helgoland« war später auch beim Vietkong hoch geschätzt.

Frage stellte sich, wer der Hauptverantwortliche für ihre Verstrickung in den Indochina-Konflikt war. Natürlich blickte man zunächst auf Präsident Johnson, denn unter ihm sind 500 000 GIs in Vietnam permanent stationiert worden. Aber der wirklich Verantwortliche, derjenige, der alles ins Rollen gebracht hat, so daß das Engagement nicht mehr zurückgedreht werden konnte, das war der vielbewunderte Präsident John F. Kennedy. Johnson hat sich später auf die Experten und Ratgeber des ermordeten Kennedy gestützt. Diese Männer, die man als »the best and the brightest« beschrieben hat, haben sich von Anfang bis zum Ende in allen ihren Prognosen getäuscht.

Ich selber bin 1965 nach längerer Abwesenheit wieder nach Vietnam gereist, als die ersten kompakten amerikanischen Truppenlandungen stattfanden. Ich habe damals skeptische, ja pessimistische Progno-

Die Hubschrauber der US-Army ersparten den amerikanischen Infanteristen den zermürbenden Marsch durch Dschungel und Reisfeld. Die massive Präsenz dieser Helikopter verleitete jedoch auch zu einer oberflächlichen Bekämpfung der Partisanenbewegung.

sen im Hinblick auf die Chancen der Amerikaner abgegeben und stand mit dieser Ansicht völlig allein da. Ich habe mir manche Kritik eingeholt bei den Kollegen und sogar bei manchen deutschen Behörden. Die Bundesrepublik war äußerst engagiert auf amerikanischer Seite. Man dachte in Bonn sogar daran, ein Pionierbataillon der Bundeswehr nach Südvietnam zu entsenden. Gott sei Dank ist es dann beim Rot-Kreuz-Schiff »Helgoland« geblieben. Wenn man in jenen Tagen mit amerikanischen Offizieren über ihren Einsatz sprach, so hieß ihr strategisches Ziel nicht Hanoi; sie wollten den Kommunismus aus ganz Ostasien ausmerzen. Sie wollen die Revolution Mao Tsetungs rückgängig machen. Sie konnten nicht unterscheiden zwischen den verschiedenen Nuancen von Rot, und sie wußten gar nicht, auf welchem Drachen sie da ritten.

Die amerikanische Dampfwalze

Das war ein anderer Krieg als der der Franzosen. Hier wurde aus dem vollen geschöpft. Der massive Einsatz Tausender von Hubschraubern, der »fliegenden Ka-

UNTERIRDISCHE VIETKONG-BASIS

Der Vietkong war Meister im Ausbau unterirdischer Stellungen und Tunnels. Befehlszentralen, Feldlazarette und Munitionsdepots blieben selbst im Umkreis von Saigon und insbesondere im sogenannten »Eisernen Dreieck« vor dem Zugriff der Amerikaner bewahrt.

vallerie«, sollte den Partisanenkrieg beenden. Das militärische Siegesrezept hieß in jenen Jahren zwischen 1965 und 1968 »search and destroy« – »suchen und vernichten«. Die amerikanische Aktion war die einer Dampfwalze, aber es fragten ein paar Skeptiker: »Kann man mit einer Dampfwalze Ameisen zermalmen?«

Später sollte man zu der Einsicht gelangen, daß einer Guerilla nicht mit Husarenritten aus Hubschraubern beizukommen ist, sondern nur durch eine systematische und dauerhafte Kontrolle mit Hilfe der Infanterie. Diese Methode »clear and hold« entsprach jedoch nicht dem amerikanischen Konzept.

Der Vietkong hatte sich inzwischen in ein weitverzweigtes unterirdisches Tunnelsystem verkrochen. Kaum zwanzig Kilometer von Saigon entfernt, im sogenannten »Eisernen Dreieck«, ist dieses Stollensystem von den Amerikanern niemals geknackt worden.

In Cu Chi, in der unmittelbaren Nachbarschaft von Saigon, hatte der Vietkong eine seiner Befehlszentralen errichtet. Weibliche Partisanen waren stets an den Kämpfen beteiligt.

Die gefallenen Amerikaner wurden sofort auf dem Schlachtfeld in Plastiksäcke gehüllt und mit dem Hubschrauber ausgeflogen.

Theater- und Tanzgruppen aus den USA versuchten, die Truppe bei Stimmung zu halten.

Der »body count«, die Zählung der feindlichen Leichen, sollte die zahllosen Journalisten und die Weltöffentlichkeit vom siegreichen Fortschritt des Feldzuges überzeugen. In den Kampfgebieten wurden sogenannte »free fire zones« deklariert, wo jegliche menschliche Behausung niedergebrannt und alle Lebensmitteldepots vernichtet wurden. Meist waren es nicht die hartgesottenen Vietkong oder die eingesickerten Nordvietnamesen, die unter diesen wahllosen Maßnahmen litten, sondern die schwergeprüfte, von beiden Seiten drangsalierte Zivilbevölkerung. Die Fernsehbilder über die schrecklichen Auswirkungen dieses Krieges, der Frauen, Kinder und Greise heimsuchte, weckten in den USA erste Zweifel an der Gerechtigkeit der eigenen Sache.

Die Truppe wurde unterdessen durch Einsatz von Fronttheatern und beliebter Komiker, wie Bob Hope, bei Laune gehalten.

Der Vietkong hatte in keiner Weise kapituliert. Die

Der Bombenkrieg der Amerikaner richtete sich in erster Linie gegen die Verkehrswege. Die Treffsicherheit war zu Beginn des Krieges gering, steigerte sich jedoch mit der Erfindung der sogenannten »smart bombs«.

Bei den Operationen »search and destroy« wurden die Dörfer evakuiert und in Brand gesteckt.

Sprengung der US-Botschaft am 30. März 1965 im Herzen von Saigon war ein Fanal für den ungebrochenen Widerstandswillen der Kommunisten.

Die Bombardierung Nordvietnams steigerte sich zum Inferno. Das Politbüro von Hanoi sollte in die Knie gezwungen werden. Die Provinz Vinh wurde durch die Bombenteppiche der B52 in eine Mondlandschaft verwandelt. Aber die Großstädte und die Deiche des Roten Flusses wurden von dieser Zerstörung weitgehend ausgenommen.

In Ermangelung von Luftabwehrkanonen versuchte die vietnamesische Miliz, die anfliegenden Amerikaner durch massiertes Gewehrfeuer zu behindern.

Es haben zweifellos humanitäre Gründe eine Rolle für diese relative Zurückhaltung gespielt. Millionen von Nordvietnamesen wären bei einer Sprengung der Deiche ertrunken. Aber es gab noch einen anderen zwingenden Grund zur militärischen Abstinenz im Norden. Niemand wußte, wie die Volksrepublik China auf eine dramatische Eskalation in ihrer unmittelbaren Nachbarschaft reagieren würde. Das amerikanische Oberkommando erinnerte sich noch sehr wohl an das Eingreifen Mao Tsetungs in Nordkorea, als die Division General McArthurs die mandschurische Grenze am Yalu-Fluß erreichten.

Die nordvietnamesische Volksarmee feuerte zunächst mit Infanteriewaffen auf die amerikanischen Düsenbomber, die in pausenlosen Formationen angriffen. Nach und nach – mit sowjetischer Hilfe – wurde diese Luftabwehr perfektioniert.

Der Norden reagierte mit Haß und Wut. Bei Nacht wurden in Hanoi die ersten abgeschossenen US-Piloten der Menge vorgeführt. Der kommunistischen Lao-Dong-Partei war es gelungen, die Stimmung eines großen patriotischen Krieges zu schüren und an das Nationalgefühl aller Vietnamesen zu appellieren.

Im Süden stellte sich heraus, daß das strategische Konzept der US-Army »search and destroy« keine greifbaren Erfolge brachte. Die Infanterie-Platoons der US-Army erlitten schwere Verluste durch feindliche Minen und sogenannte »booby traps«. Die Kriegführung wurde immer unerbittlicher. Millionen von ländlichen Flüchtlingen wurden in Sammellagern zusammengetrieben oder flohen in die Städte. Die Grausamkeit auf beiden Seiten steigerte sich zur Hysterie. Vor allem die südvietnamesischen Hilfstruppen der Amerikaner gaben kein Pardon. Jeder

Die Zivilbevölkerung war der Hauptleidtragende der Kämpfe. Die Flüchtlinge strömten vom Land in die Städte oder in provisorische Auffanglager.

männliche Zivilist, den sie im Reisfeld aufspürten, wurde auf bloßen Verdacht wie ein potentieller heimtückischer Gegner behandelt.

General Westmoreland, der Oberbefehlshaber in Vietnam, forderte immer neue Truppen aus dem Mutterland und gab sich siegesgewiß: »Wir sind außerordentlich zuversichtlich. Wir machen große Fortschritte. Wir sind alle sehr optimistisch.«

Nach drei Jahren Einsatz in Vietnam war die

Neben den hochgewachsenen amerikanischen Soldaten erschienen die jugendlichen Partisanen des Vietkong oft wie Kinder.

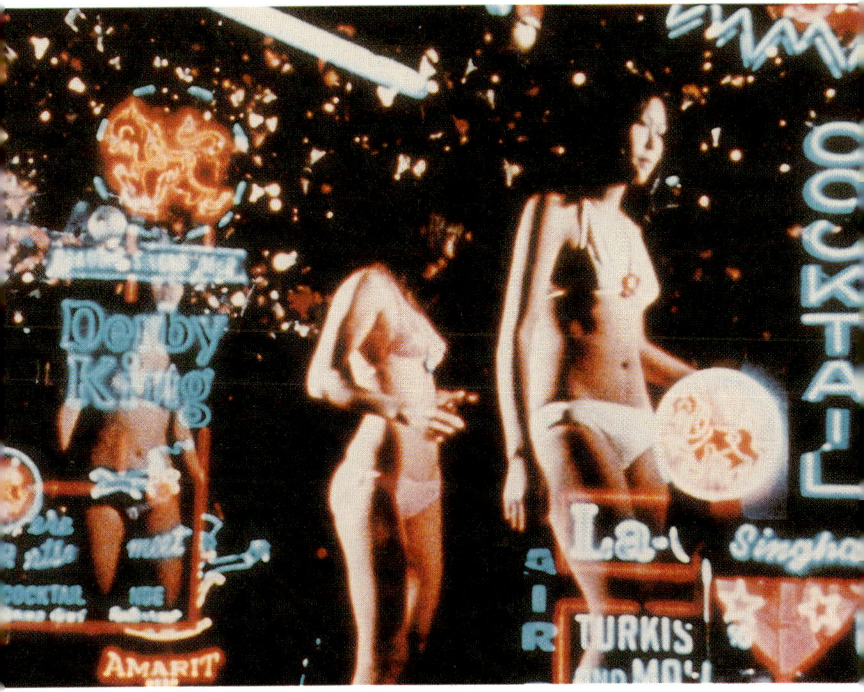

Rest-and-recreation-Programm

moralische Kampfkraft dieses gewaltigen Expeditionskorps dramatisch geschwächt. Es waren ja nur teilweise Berufssoldaten, die nach Vietnam entsandt worden waren. Die große Mehrheit der GIs bestand aus Wehrpflichtigen, und die waren den psychologischen Belastungen dieses vespäteten Kolonialkrieges nicht gewachsen. Die diversen Versuchungen und Gifte des Fernen Ostens taten das Ihre. Immer mehr Amerikaner verfielen dem Opium und anderen Rauschgiften. Die Prostitution in Vietnam nahm die Ausmaße eines gewinnträchtigen Industriezweiges an. Von den Vietnamesen wurde diese Massenprostitution als eine nationale Schmach, als persönliche Demütigung empfunden. Das sogenannte »Rest-and-Recreation-Program« verfrachtete die abge-

Auf der Höhe 875 geriet eine amerikanische Eliteeinheit in den Hinterhalt der Nordvietnamesen. Solch mörderische Gefechte – dieses spielte sich im Grenzgebiet von Laos ab – blieben jedoch Ausnahmefälle.

kämpften GIs in die Bars von Vung Tau oder in die Bordelle von Bangkok. Ahnte Präsident Johnson überhaupt, was sich in Vietnam vorbereitete? »Amerika gewinnt seine Kriege«, proklamierte Johnson in jenen Tagen, »da täusche man sich nicht. Wir haben der Unwissenheit, dem Analphabetismus, der Armut und der Krankheit den Krieg erklärt. Und wir führen Krieg gegen Tyrannei und Aggression.«

Gegen Ende des Jahres 1967 verstärkten Vietkong

und Nordvietnamesen ihre Kampftätigkeit längs der Grenze von Laos. Von den amerikanischen Stäben wurden diese peripheren Aktionen als letztes Aufbäumen des Gegners und als Eingeständnis seiner endgültigen Unterlegenheit gewertet.

Die moralische Kampfkraft der amerikanischen GIs war nach drei Jahren Einsatz in Vietnam geschwächt.

Unbehagen an »Rambo«

An dieser Stelle möchte ich noch einmal über die amerikanischen Kino- und Fernsehfilme über Vietnam zu sprechen kommen, von »Deer Hunter« bis zu »Tour of Duty«. Die Rambo-Produktionen möchte ich ganz beiseite lassen. Bei all diesen Inszenierungen, auch bei »Platoon«, habe ich ein tiefes Unbehagen empfunden. Diese Filme sind insgesamt verlogen und prahlerisch. Der Vietnamkrieg ist ganz anders gewesen. Der Vietkong und die Nordvietnamesen waren den Amerikanern total unterlegen. Sie konnten nur aus dem Versteck, aus dem Hinterhalt schießen. Die amerikanische Air Force verfügte über die totale Luftherrschaft. Bei jedem Feindkontakt wurde sie in Minutenschnelle herbeigerufen. Jeder Widerstand wurde dann niedergebombt, gewissermaßen plattgewalzt. Der Vietkong ist stets gehctzt worden. Wenn die Amerikaner heute behaupten, Vietnam sei die Hölle gewesen, dann stimmt das sicherlich für einige von ihnen. Aber es handelte sich doch um eine perfektionierte Armee mit einer gewaltigen Logistik. Auf zehn Soldaten, auf zehn GIs, kam allenfalls ein Kämpfender, und wenn von zwanzig Amerikanern, die in Vietnam gewesen sind, einer wirklich in ein schweres Gefecht verwikkelt wurde, dann ist das relativ hoch gegriffen. Massive militärische Einwirkungen der Nordvietnamesen konnten nur in der Nähe des 17. Breitengrades stattfinden, aus dem gesicherten Hinterland Nordvietnams heraus.

Die scheußliche Praxis des »body count«, der publikumswirksamen Leichenzählung, hat nachhaltig zu einer fatalen Irreführung der Stäbe in Saigon geführt. Jede Einheit war nämlich angehalten, möglichst viele tote Feinde zu melden, ob es sich nun um Zivilisten oder um frei erfundene Vietkong-Verluste handelte. Ich habe es im Dschungel von Annam erlebt, daß feindliche Gefallene gemeldet wurden, die es gar nicht gab.

Dieser amerikanische Krieg ist mit einem ungeheuren Materialaufwand geführt worden. Selbst in den vordersten Stellungen hat der GI sein eisgekühltes Coca Cola mit Hilfe von Hubschraubern bekommen, bis auf einige Ausnahmen.

Als es Ende 1967 im Grenzgebiet von Laos, Kambodscha und Vietnam, im Raum von Dakto und auf jener Höhe 875, die sich den Amerikanern tief eingeprägt hat, zu schweren Kämpfen kam und ein Bataillon Amerikaner in einem nordvietnamesischen Hinterhalt beinahe aufgerieben wurde, da handelte es sich um Ausnahmesituationen. Ich bin damals an dieser Stelle mitsamt den Leichen gefallener Amerikaner im Helikopter überstürzt ausgeflogen worden. Damals spürte ich, daß diesen Elite-Soldaten der Luftlande-Division, die überlebt hatten, Zweifel gekommen waren am Sieg in Vietnam, Zweifel auch an der moralischen Berechtigung ihrer Sache.

Der Vietkong schlägt zu

Das chinesische Neujahr, das Tet-Fest 1968, brachte die schreckliche Überraschung, die große Wende. Auf einmal waren die Partisanen des Vietkong überall mit ihren Stoßtrupps und ihren Granaten. Zum Entsetzen der Amerikaner hatte sich ein Selbstmordkommando des Vietkong sogar in der neuen amerikanischen Botschaft von Saigon eingenistet. Es wurde in langwierigen Gefechten aufgerieben.

Die Amerikaner, die sich als Herren der Lage gefühlt hatten, waren total überrumpelt. Einheiten der nordvietnamesischen regulären Armee hatten im

Handstreich die alte Kaiserstadt Hué in Zentralannam erobert. Zahlreiche andere Provinzen waren durch die Untergrundkämpfer des Vietkong überrannt worden. Dann allerdings kam es zum Gegenschlag der gigantischen amerikanischen Kriegsmaschine. Die Zitadelle von Hué wurde unter großen Opfern von den ›Marines‹ freigekämpft. In Saigon wurden die gefangenen roten Partisanen meist an Ort und Stelle erschossen. Die Filmaufnahme von der Exekution eines Vietkong durch den südvietnamesischen Polizeichef empörte unzählige Fernsehzuschauer. Ein Dorf nach dem anderen im Delta des Mekong wurde von den Amerikanern und den Südvietnamesen unter gewaltigem Materialeinsatz wieder unter Kontrolle gebracht. Von der Stadt Ben Tre südlich von Saigon hieß es im Militärbericht: »Wir mußten sie vernichten, um sie zu retten.«

Bei der sogenannten Tet-Offensive war der Vietkong plötzlich allgegenwärtig und hißte in den meisten Provinzstädten seine rot-blaue Fahne mit dem gelben Stern.

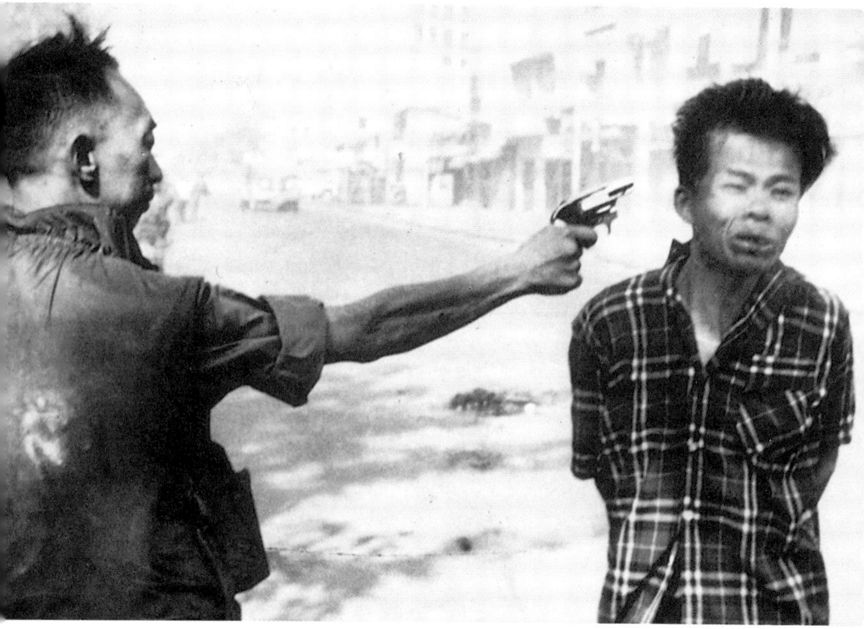

Dieses Bild hat Geschichte gemacht. Während der Tet-Offensive wird ein gefangener Vietkong durch den südvietnamesischen Polizeibefehlshaber auf offener Straße kaltblütig erschossen.

Das strategische Konzept des amerikanischen Oberbefehlshabers Westmoreland war über den Haufen geworfen. Seine Deklaration klang jetzt ziemlich hilflos: »Der Feind hat hinterhältig die Ruhe des Neujahrsfestes genutzt, um ein Maximum an Verwirrung zu stiften, vor allem in den Ballungsgebieten.«

Am Ende haben die Amerikaner sich in Hué als die stärkeren erwiesen. Sie entdeckten Massengräber von Zivilisten, die den Straf- und Racheaktionen der vietnamesischen Kommunisten zum Opfer gefallen waren. Der militärische Abwehrsieg der Amerikaner war teuer erkauft.

Nun regte sich der Protest in Amerika selbst gegen diesen unerträglichen Krieg, dessen Ende nicht abzusehen war. Vor allem an den Universitäten der Westküste erhob sich eine pazifistische Jugendbewegung, die den Krieg verurteilte und den Rückzug auf Vietnam forderte. Liberale Politiker stellten sich auf die Seite dieser Studentenrevolute gegen das kriegführende Establishment.

Auf den Stufen des Kapitols kam es zum theatralischen Einsatz von Protestlern und heimgekehrten Veteranen. Die großen Protestsänger, darunter Bob Dylan, stimmten ihre Friedensballaden an.

Die Bewegung griff bis nach Westeuropa über. In Berlin feuerte Rudi Dutschke die Massenbewegung an. »Ho, Ho, Ho Tschi Minh« wurde zum Kampfgeschrei einer neuen deutschen Linken. Es gärte in weiten Teilen der deutschen Jugend, und die bisherige Bewunderung für die USA verblaßte.

Das Weiße Haus trug diesem turbulenten Stimmungsumschwung Rechnung. Lyndon B. Johnson erklärte entmutigt, daß er bei den kommenden Präsidentschaftswahlen nicht mehr kandidieren wolle. Es hatte resigniert.

Während der Tumult sich in den USA ausbreitete, bot das Weiße Haus dem Politbüro von Hanoi Waffenstillstandsverhandlungen an. Die Kommunisten Nordvietnams begriffen schnell, welch ungeheuren Vorteil sie aus diesem Aufruhr in den USA ziehen

Vorübergehend schien es während der Neujahrsoffensive, als würden die Amerikaner sogar die Kontrolle über die Hauptstadt Saigon verlieren.

Die Protestaktionen in Amerika liefen an. Vor allem in den Universitäten steigerte sich die Entrüstung.

Der Protest gegen den Vietnamkrieg sprang auf Europa über und löste besonders bei den Studenten in der Bundesrepublik und in West-Berlin antiamerikanische Stimmung aus.

konnten. Der nordvietnamesische Oberbefehlshaber General Giap sollte das später auf seine Art formulieren: »Bei uns ist die Strategie stets umfassend, integriert und militärisch, politisch und diplomatisch. Die Tet-Offensive 1968 verfolgte ein militärisches und vor allem ein politisches Ziel.«

Von der Republik Südvietnam wurde das Angebot Washingtons, mit dem bislang verteufelten Regime des Nordens Friedensgespräche einzuleiten, als düsteres Warnsignal empfunden. Der progressive Abzug der amerikanischen Truppen aus Indochina war nur noch eine Frage der Zeit, des »timing«, wie man sagte. Die politischen Kommissare aus dem Norden sorgten dafür, daß die Nachricht von dem Einlenken und der bevorstehenden Abdankung der amerikanischen Supermacht auch von dem einfachsten Reisbauern verstanden wurde.

In Saigon machte sich unter den jungen Südvietnamesen, vor allem bei den Studenten und Subaltern-Offizieren, Verzweiflung und Defätismus breit. Sie wußten, daß sie in Bälde allein dastehen würden in einem aussichtslosen Bürgerkrieg gegen Hanoi und den Kommunismus. Sie wußten um das Elend und die Demütigung Vietnams.

Präsident Lyndon B. Johnson war siegesgewiß in den Vietnamkrieg gezogen. Nach der Neujahrsoffensive begriff er, daß ein Sieg nicht zu erringen war. Er zog daraus die Konsequenz.

Nächste Seite: Der greise Ho Tschi Minh hatte die Hoffnung der Wiedervereinigung Vietnams unter kommunistischer Herrschaft nie aufgegeben. Er blieb die Seele des Kampfes. Aber den Sieg über Amerika sollte er nicht mehr miterleben.

Amerika setzt sich ab: Vom schmutzigen Krieg zum faulen Frieden

Immer wieder wandte sich der greise Berufsrevolutionär den Kindern und den Jugendlichen zu. Als »Onkel Ho« ist er in die Legende eingegangen.

Das internationale Prestige des Revolutionsführers Ho Tschi Minh reichte im dritten Jahr des amerikanischen Indochina-Krieges weit über die Grenzen Vietnams hinaus. Der alte Mann mit dem Ziegenbart war zum Idol jener aufsässigen Jugend des Westens geworden, die keinem über Dreißig trauen wollte. Nach außen erschien Ho Tschi Minh als

Die Leiche Ho Tschi Minhs wurde in einem Glassarg aufgebahrt. Auf dem Gesicht seines engsten Mitarbeiters, des Ministerpräsidenten Pham Van Dong, spiegeln sich Trauer und Entschlossenheit.

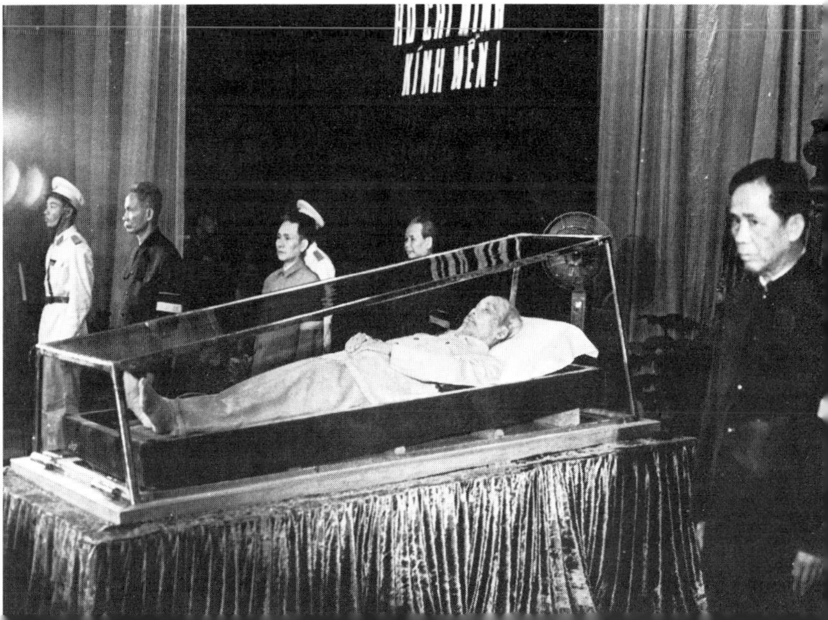

Weiser, fast als Heiliger. Im Innern führte er seine Partei mit stahlharter Faust.

Am 3. September 1969 starb Ho Tschi Minh, diese große Figur der asiatischen Erneuerung. Die Trauerfeierlichkeiten deuteten jedoch darauf hin, daß die Lücke, die er riß, den Weitergang des Krieges nicht behindern würde. Im Politüro von Hanoi bildeten, an der Spitze, Ministerpräsident Pham Van Dong, Verteidigungsminister Vo Nguyen Giap und Generalsekretär Le Duan eine zutiefst solidarische Troika. Noch vor Ho Tschi Minhs Tod war die sensationelle Wende eingetreten. Die Amerikaner hatten im Frühjahr 1968 die ersten Geheimkontakte zu den Nordvietnamesen aufgenommen. Henry Kissinger begann in einem Pariser Vorort eine endlose Gesprächsrunde mit Le Duc Tho, dem Beauftragten der kommunistischen Führung.

Kissinger hat das später beschrieben: »Le Duc Tho hielt monatelang immer die gleiche Rede. Es war wie ein Gebetsritual. Er gab zu verstehen, daß wir zusammenbrechen müßten, bevor die Nordvietnamesen überhaupt daran dächten nachzugeben.«

Die Unterzeichnung des Waffenstillstandes sollte tatsächlich mehr als vier Jahre auf sich warten lassen.

Der falsche Krieg am falschen Platz

Die sogenannte Tet-Offensive des Jahres 1968 war eine klare militärische Niederlage des Vietkong, auf der anderen Seite aber war es eindeutig ein politischer Sieg über die Amerikaner; denn von nun an war Washington zum Abzug seiner Truppen entschlossen. Das ging parallel zur Irreführung, zur Preisgabe des südvietnamesischen Freundes und Verbündeten. So ist nun einmal der schreckliche Egoismus der Supermächte.

Nach dem Rücktritt Lyndon B. Johnsons übernahm Richard Nixon im Jahr 1969 die Präsidentschaft der Vereinigten Staaten von Amerika. Der neue US-

Mit der Geste des Erfolgs trat Richard Nixon die Nachfolge Johnsons an. Aber er wußte von Anfang an um die Aussichtslosigkeit der Situation.

Präsident erkannte mit kühler staatsmännischer Vernunft, daß Amerika den falschen Krieg am falschen Platz führte, daß zwischen China und Moskau eine tiefe Feindschaft entstanden war, daß alle Voraussetzungen

zungen rund um Vietnam sich verändert hatten. Um dem südvietnamesischen Verbündeten noch einmal auf die Beine zu helfen, vielleicht auch nur um ein Alibi bemüht, haben Nixon und Kissinger vermutlich den schwersten Fehler begangen. Sie haben den Krieg in das friedliche und neutrale Kambodscha hineingetragen, angeblich um dort die rückwärtigen Positionen des Vietkong auszuräumen. Dabei offenbarte sich nun der Zynismus aller Großmachtpolitik.

Die vietnamesischen Pioniere und zivilen Arbeitskräfte haben unter den ständigen Schlägen der amerikanischen Luftwaffe 16000 Kilometer befahrbare Piste durch den Dschungel und die Gebirge von Laos gebaut.

Karte: Nach dem Putsch gegen Prinz Sihanuk im März 1970 stießen südvietnamesische Truppen in die Grenzgebiete Kambodschas vor.

Kambodscha wird geopfert

In den USA war die öffentliche Meinung vehement und endgültig umgeschlagen. Präsident Nixon hatte diesem Stimmungswandel, diesem Wunsch seiner Landsleute, die GIs nach Hause zu bringen, auf seine Art Rechnung getragen. Im Gegensatz zu vielen Liberalen, die sich durch die militärische Entwicklung bestätigt fühlten, war der zutiefst konservative Politiker Nixon ein Pragmatiker, der nicht davor zurückschreckte, Kompromisse auch auf Kosten des nationalen Selbstbewußtseins einzugehen. Höchstes deklariertes Ziel war es, die Boys nach Hause zu bringen, wenn möglichst unter ehrenhaften Umständen. Niemand konnte ahnen, daß Nixons Langfrist-Diplomatie in Südostasien durch den Watergate-Skandal ruiniert würde.

Die vietnamesische Nationalarmee war in aller Eile auf mehr als eine Million Mann gebracht worden. Material wurde in Hülle und Fülle geliefert. Die Amerikaner nannten das die »Vietnamisierung des Krieges«. Die Franzosen hatten schon einmal angesichts der drohenden Niederlage ein ähnliches Experiment unternommen. Man hatte damals vom »Jaunissement«, von einer Gelbfärbung des französischen Expeditionskorps, gesprochen. Das Ergebnis war kläglich gewesen. Doch Richard Nixon, von seinen Landsleuten »Tricky Dicky« genannt, ließ sich nicht beirren. Er glaubte tatsächlich noch, über

NORD-
VIETNAM
17. Breitengrad
THAILAND
LAOS
Hue
Danang
Angkor Watt
Battambang
KAMBODSCHA
Nha Trang
Phnom Penh
SÜD-
VIETNAM
Saigon

Wie bei Dien Bien Phu mußten auf dem Ho-Tschi-Minh-Pfad oft die Fahrräder herhalten, wenn es für die Lkw kein Durchkommen gab.

wirksame Trümpfe gegenüber Nordvietnam zu verfügen.

Alle Blicke richteten sich in dieser Phase des Krieges auf den legendären Ho-Tschi-Minh-Pfad. Das amerikanische Kommando in Saigon hatte mit ohnmächtiger Wut den ständigen Ausbau dieser Verbindungslinien beobachtet, die über das Königreich Laos und später auch über die Grenzprovinzen Kambodschas nach Süden führten.

Der Ho-Tschi-Minh-Pfad war in Wirklichkeit ein weitverzweigtes System von Pisten. Er stellte den unentbehrlichen Nachschubstrang des im Süden kämpfenden Vietkong dar. Auf diesem Weg wurden auch reguläre nordvietnamesische Einheiten nach Cochinchina und Süd-Annam geschleust. Auf kambodschanischem Territorium wurden diese Verbindungslinien durch den sogenannten Sihanuk-Pfad ergänzt.

Den amerikanischen Stäben zufolge hatte der Vietkong seine wichtigsten Nachschublager, spätestens ab 1968 sogar sein Hauptquartier - COSVN genannt - auf kambodschanischem Gebiet errichtet, unmittelbar an der Grenze zum südvietnamesischen Mekong-Delta.

Trotz intensivster Bombardierung und einer perfekten Luftaufklärung ist es den Amerikanern nie gelungen, den Nachschub, der von Nordvietnam über den Ho-Tschi-Minh-Pfad bis ins Mekong-Delta transportiert wurde, zu unterbinden.

Kambodscha war bis 1970 vom Krieg weitgehend verschont geblieben. Im Königspalast von Phnom Penh probten die Tänzerinnen täglich die Gestik der Ramayana-Sage.

In all den Kriegsjahren war das Königreich Kambodscha eine friedliche Idylle geblieben mit Ausnahme der östlichen Grenzdistrikte, die gelegentlich als Durchgangsgebiet benutzt wurden. Die mächtigen Ruinen hinduistischer Tempel, die mitten im Urwald entdeckt worden waren, gaben Kunde von der großartigen Kultur und von der Macht des einstigen Reiches der Khmer im hohen Mittelalter. Jeden Tag probten die Tempeltänzerinnen im Palast der Hauptstadt Phnom Penh ihre graziösen Gesten, die den frühen Sagen des Ramayana entliehen waren.

Der Buddhismus prägte in Kambodscha jeden Aspekt des täglichen Lebens. Die Mönche des »Großen Fahrzeuges« in ihren safrangelben Roben waren hochgeehrt.

Die Ruinen von Angkor Wat mit ihren hochragenden Tempeltürmen gaben Kunde vom großen Khmer-Imperium des Mittelalters.

Prinz Norodom Sihanuk, der Staatschef von Kambodscha, wollte strikte Neutralität zwischen Ost und West einhalten. Er wurde dabei von General de Gaulle unterstützt.

Aber in Abwesenheit des Prinzen putschte das kambodschanische Militär, und vor allem die Studenten veranstalteten Massendemonstrationen gegen den gestürzten Herrscher.

An der Spitze dieses kleinen hinterindischen Staates, der sich seit mehreren Jahrhunderten der beschaulichen Lehre Buddhas zugewandt hatte, stand ein aufgeklärter Autokrat, Prinz Norodom

Sihanuk. Der Prinz Sihanuk genoß fast göttliches Ansehen bei seinen Landsleuten. Er war der Erbe der großen Dynastie von Angkor. Im Zeichen des Buddhismus verfolgte er eine strikte Neutralitätspolitik zwischen Ost und West. Nur widerwillig hatte er den Nordvietnamesen erlauben müssen, seine östlichen Randgebiete für ihre militärischen Unternehmungen gegen das Regime von Saigon zu nutzen.

Über den Kommunismus machte er sich keine Illusionen: »Meine Meinung zum Kommunismus will ich Ihnen sagen: Ich verabscheue sein System der Zwangsarbeit, der Bespitzelung, der Freiheitsberaubung. Aber ich bewundere seine Fähigkeit zum nationalen Aufbau und zur Schaffung sozialer Gerechtigkeit.«

Der frühere Vertrauensmann Sihanuks, General Lon Nol, riß auf Betreiben der Amerikaner die Macht an sich und stürzte Kambodscha in einen hoffnungslosen Krieg.

Während Prinz Sihanuk im März 1970 die Hauptstädte des Ostens und des Westens bereiste, um den drohenden Krieg von seinem Land abzuwenden, putschte die Armee des kambodschanischen Oberbefehlshabers General Lon Nol. Dem amerikanischen Geheimdienst CIA war der Neutralismus Sihanuks, der de facto die vietnamesischen Kommunisten begünstigte, schon lange ein Dorn im Auge. Verbindungsmänner der USA fanden Komplizen bei den kambodschanischen Militärs. Die Hauptstadt Phnom Penh genoß diesen spektakulären Umsturz und feierte ihn mit grotesken Zirkusspielen im Stadion. Der bislang hochverehrte Prinz Sihanuk wurde zur Zielscheibe des Spotts und der Feindseligkeit, vor allem der kambodschanischen Studenten. Die Wut des Volkes richtete sich in erster Linie gegen die Vietnamesen, die Erbfeinde Kambodschas von Alters her. Dieser kollektive Haß wurde im überfüllten Sportstadion durch Theaterpossen symbolisiert. Natürlich errangen dabei stets die heldenhaften Kambodschaner den Sieg über die abscheulichen vietnamesischen Kommunisten.

Die Wirklichkeit sah ganz anders aus. General Lon Nol proklamierte sich zum Staatschef Kambodschas.

Der kambodschanische Bürgerkrieg wurde noch grausamer geführt als der Partisanenkampf im benachbarten Vietnam. Die kambodschanischen Frauen griffen schon am ersten Tag zur Waffe und gehörten auf beiden Seiten zu den unerbittlichsten Kämpfern.

Aber seine Armee war nicht in der Lage, den Vietnamesen standzuhalten. Vor allem in den nordöstlichen Dschungelprovinzen und im südwestlichen Cardamon-Gebirge rottete sich eine furchterregende Streitmacht zusammen. Sie nannten sich »Rote Khmer« oder »Khmers rouges« und sollten noch lange von sich reden machen.

Die von oben angefachte Volkswut tobte sich zunächst an den in Kambodscha lebenden Vietnamesen aus. Es fanden Massenmorde an unschuldigen Zivilisten statt.

Über Nacht war das lebensfrohe Paradies Kambodscha, dessen buddhistische Mönche eine tiefverwurzelte Friedfertigkeit zu garantieren schienen, Opfer eines erbarmungslosen Konflikts geworden. Hier wurde noch grausamer gemordet als im benachbarten Vietnam. Die ersten wehrlosen Opfer waren die zahlreichen in Kambodscha siedelnden Vietnamesen.

Binnen kurzer Zeit schrumpfte das Einflußgebiet

Zu einem großen Prozentsatz bestand die kambodschanische Streitkraft aus weiblichen Soldaten.

des pro-amerikanischen Lon-Nol-Regimes auf die Provinzhauptstädte und die Umgebung von Phnom Penh. Der kurze amerikanische Feldzug, der darauf hinzielte, die Nachschubbasen der Nordvietnamesen und des Vietkong im kambodschanischen Grenzraum zu zerstören, stieß ins Leere. Statt dessen bemächtigten sich die indonesischen Kommunisten eines gewaltigen Hinterlandes. Sie beherrschten sogar das Symbol aller kambodschanischen Herrlichkeit, die Tempelruinen von Angkor Wat. In ihrer Verzweiflung bauten die Truppen Lon Nols die Pagoden des Friedensstifters Buddha zu Widerstandsnestern aus. Die kambodschanischen Regierungssoldaten, die stets mit Frau und Kindern in die Schlacht zogen, kämpften tapfer. Aber den Roten Khmer waren sie nicht gewachsen. Präsident Nixon hatte einen lokalen Grenzkonflikt bereinigen wollen. Statt dessen zerrte er ganz Kambodscha in den indochinesischen Krieg. Das kommunistische Einflußgebiet weitete sich nach Westen aus. Mehr noch als in Vietnam erwies sich in Kambodscha die Ohnmacht der amerikanischen Gesamtstrategie.

In den Dschungeln Kambodschas wuchsen die Roten Khmer nach und nach zu einer unüberwindlichen Partisanengruppe heran und kämpften in einer ersten Phase Seite an Seite mit den Vietkong. Aber schon bald erwies sich, daß ihre starre ideologische Ausrichtung weit radikaler war als die der vietnamesischen Kommunisten. Prinz Norodom Sihanuk brach höchstpersönlich auf, um die Roten Khmer im Dschungel aufzusuchen, in der stillen Hoffnung, sie mäßigend beeinflussen zu können. Nach seiner Absetzung durch Lon Nol war Sihanuk durch die Volksrepublik China unterstützt worden. Jetzt begegnete er – in den gleichmacherischen schwarzen Pyjama gekleidet – den kommunistischen Freischärlern im Dschungel. Alle offiziellen Freundschaftsbeteuerungen konnten an diesem tragischen Mißverständnis nichts ändern. In der Etappe begegnete

Sihanuk auch einem der wichtigsten Führer der Roten Khmer, seinem ehemaligen Minister Khieu Samphan. Es war von Anfang an ein brüchiges Bündnis zwischen Sihanuk und diesen furchterregenden »Steinzeit-Kommunisten«.

Die kambodschanischen Militärs zogen stets mit ihren Familien ins Feld. Frauen und Kinder wichen auch in der vordersten Linie nicht von der Seite ihrer Männer.

Dolchstoßlegende

In Amerika entstand zu dieser Zeit eine Art Dolchstoßlegende über den Vietnamkrieg. Amerika habe nicht mit voller Kraft zugeschlagen. Man hätte den Krieg gewinnen können, wenn man es wirklich gewollt hätte. Doch die Zahlen und die Realität sprechen gegen diese Behauptung. Ganz abgesehen von der starken Truppenpräsenz der US-Armee in Südvietnam - eine halbe Million GIs gegenüber 120000 Rotarmisten, die heute in Afghanistan stehen - haben die Amerikaner eine ungeheuerliche Bombenlast über Indochina abgeworfen. Sie übertrafen um das Dreifache den gesamten Sprengstoff, der während des ganzen Zweiten Weltkriegs gezündet wurde. Gewiß, man hätte Atombomben einsetzen können. Das hatten die Franzosen bei der Schlacht von Dien Bien Phu sogar gefordert. Aber es erwies sich sofort, daß in einem konventionellen Regionalkrieg die Nuklearwaffe kein brauchbares Instrument ist. Schließlich hätten die Amerikaner in Nordvietnam landen und zweifellos auch Hanoi erobern können. Aber dazu hätte es einer halben Million zusätzlicher Soldaten bedurft, und die GIs wären in eine sehr bedenkliche Nähe zum großen chinesischen Drachen geraten.

Präsident Nixon hatte klar erkannt, daß dieser Vietnamkrieg zum Anachronismus geworden war. Die Vietnamesen beider Lager empörten sich darüber, daß - ungeachtet des Blutvergießens in Vietnam - die Amerikaner mit den Russen, die ja die Verbündeten der Nordvietnamesen waren, sehr intensive Abrüstungsgespräche über SALT I führten,

Prinz Sihanuk und Mitglieder der Roten Khmer vor dem Banteay-Srei-Tempel im Hinterland Kambodschas. Das Bündnis zwischen Sihanuk und den Roten Khmer war von Anfang an brüchig.

daß sie den ABM-Vertrag unterzeichneten und dann die Verhandlungen über SALT II einleiteten. Die beiden kommunistischen Mächte UdSSR und China waren ungeachtet ihrer ideologischen Gemeinsamkeiten zutiefst verfeindet. Selbst in Kambodscha, wo inzwischen der Bürgerkrieg tobte, zeichnete sich ein heftiger Antagonismus zwischen den »Steinzeit-Kommunisten«, den »Khmers rouges«, des Partisanenführers Pol Pot auf der einen und den vietnamesischen Kommunisten auf der anderen Seite ab. Kurzum, es hatte sich alles geändert an den Prämissen dieses Krieges. Im Namen der amerikanischen Staatsräson beschloß Washington, Südvietnam notfalls zu opfern.

»Bring them home!«

Richard Nixon machte ernst mit seinem Versprechen, die Boys nach Hause zu bringen. Die US-Präsenz schrumpfte rapide. Hunderttausende von jungen Amerikanern traten mit allen Zeichen der Erleichterung den Heimflug über den Pazifik an. »Bring them home«, so klangen die amerikanischen Anti-Kriegslieder aus den USA herüber. Zuvor wurden die Soldaten von speziell darauf abgerichteten Hunden der Militärpolizei nach Drogen abgesucht.

Würde Südvietnam sich ohne Militärhilfe der USA gegen die Kommunisten des Nordens behaupten können?

An der Spitze der Republik von Saigon stand seit geraumer Zeit ein verschlossener Militär mit dem Gehabe eines Mandarins. Präsident Nguyen Van

Über den Ho-Tschi-Minh-Pfad reiste Prinz Sihanuk in der Tracht der kambodschanischen Partisanen mit seiner Ehefrau Monique in das rückwärtige Gebiet der »Khmers rouges«. Seinen kommunistischen Landsleuten begegnete er mit aufgesetztem Lächeln und bangen Ahnungen.

Unter der hämischen Kontrolle nordvietnamesischer Offiziere und Kommissare verlassen amerikanische Soldaten Vietnam und treten auf dem Flugplatz Tan Son Nhut den Heimflug an.

Thieu war ursprünglich Offizier bei den Franzosen gewesen. Unter Diem trat er zum Katholizismus über. Auf den großen Ahnenfeiern bewegte er sich im konfuzianischen Gewand. General Thieu war keine Marionette der Amerikaner, wie oft behauptet wurde. Er stemmte sich mit aller Kraft gegen die Konzessionen, die Henry Kissinger im Gespräch mit Nordvietnam ins Auge faßte. Voller Mißtrauen beobachtete er den Versuch der Amerikaner, sich aus dem indochinesischen Krieg zu lösen und unter fadenscheinigen Vorwänden das Handtuch zu werfen.

Der Partisanenkrieg in Südvietnam ging unterdessen weiter. Die blutige Repression erreichte mit der Operation »Phoenix« ihren Höhepunkt. Die kommunistischen Kader im Mekong-Delta hatten sich wäh-

Die meisten GIs gaben ihrer Freude freien Lauf, dem heimtückischen Dschungelkrieg unverletzt entronnen zu sein.

Der Staatschef von Südvietnam, General Thieu, widersetzte sich mit allen Kräften den Waffenstillstandsabsichten seiner amerikanischen Verbündeten.

rend der Neujahrsoffensive 1968 zu erkennen gegeben. Jetzt wurden sie von Sonderkommandos der vietnamesischen Polizei - unterstützt durch CIA-Spezialisten - erbarmungslos ausgemerzt. Die »Nationale Befreiungsfront von Südvietnam«, gemeinhin Vietkong genannt, hat sich von diesen Schlägen nie mehr erholt. An die Stelle der lokalen Guerilla des Südens traten die politischen Kommissare und die militärischen Befehlshaber, die aus dem Norden kamen. Die Operation »Phoenix« war dem bodenständigen Vietkong zum Verhängnis geworden und erleichterte lange vor dem Fall Saigons die totale Beherrschung der südlichen Widerstandsbewegung durch Hanoi.

In Vietnam wurde weiter geblutet und gestorben,

Unterdessen ging die Aufspürung von Partisanen und Komplizen des Vietkong im Rahmen der Vernichtungsoperation »Phoenix« weiter.

auch wenn die Amerikaner abzogen. Ob die Vietnamisierung des Krieges reüssieren könnte, blieb in diesem letzten Jahr vor Abschluß des Waffenstillstandes höchst zweifelhaft. Aber die »Vietnamisierung der Särge«, die fand statt. Auf dem Soldatenfriedhof von Bien Hoa wurden immer neue Gräber ausgeworfen. Die vietnamesische Nationalarmee erlitt fürchterliche Verluste. In dieser Zwischenphase des Wartens auf einen Waffenstillstand, der sich für Saigon nur verhängnisvoll auswirken konnte, starben nicht nur die besten Offiziere der Nationalarmee, es machte sich Hoffnungslosigkeit, ja Defätismus bei der Truppe breit.

Amerikanische Landtruppen nahmen an den Kämpfen nicht mehr teil. Die verbliebenen GIs beschränkten sich auf den Schutz ihrer gewaltigen

Operation »Phoenix«

Für die Vietnamesen war der Krieg längst nicht zu Ende. Auf dem Friedhof von Bien Hoa mußten immer neue Gräber für die südvietnamesischen Gefallenen ausgehoben werden.

In dem Dorf My Lai veranstalteten amerikanische GIs ein wahlloses Massaker unter der Zivilbevölkerung. Es war vorher schon zu ähnlichen Gemetzeln gekommen, aber dieses Mal wurde die Untat in Bildern festgehalten und löste einen weltweiten Sturm der Empörung aus. Der Vietnamkonflikt war endgültig zum schmutzigen Krieg geworden.

Die Witwen beteten an den Gräbern der gefallenen südvietnamesischen Offiziere, aber die abziehenden Amerikaner wollten dem Frieden eine Chance geben.

Militärlager und ihrer befestigten Stellungen im kambodschanischen Grenzraum. Die Antikriegspropaganda, die in den USA auf vollen Touren lief, wirkte sich auf die moralische Verfassung dieser Truppen verheerend aus. Das Lied vom »Soldier Blue« aus den Indianerkriegen wurde nun zur blutigen Moritat des »Soldier Green« von Vietnam. Die Enthüllung des Massakers von My Lai, das in Amerika und Europa Schlagzeilen machte, diskreditierte den Indochinakrieg endgültig in den Augen der aufgebrachten Öffentlichkeit. Die Resignation hatte längst auf die amerikanische Resttruppe in Vietnam übergegriffen. Vor der Kulisse gewaltiger Materialfriedhöfe - der Exkremente des Krieges, wie man damals sagte - stand die Parole: »Give Peace a Chance« - »Gebt dem Frieden eine Chance«.

Todesurteil für Saigon

Am Ostermontag 1972 startete die nordvietnamesische Armee eine überraschende Großoffensive an zwei Fronten. Hanoi wollte die schleppenden Verhandlungen von Paris beschleunigen und Kissinger unter Druck setzen. Weder Nixon noch Kissinger hatten mit diesen massiven Angriffen gerechnet, die durch starke Rudel sowjetischer Panzer vorgetragen wurden.

Besonders kritisch war die Situation im Nordabschnitt unmittelbar am 17. Breitengrad, der Vietnam in zwei Staaten spaltete. Die Soldaten des General Giap errangen dort Anfangserfolge - die Schlacht stand auf der Kippe. Die amerikanischen Ratgeber, die sich in der Provinzhauptstadt Quang Tri verschanzt hatten, wurden in aller Eile ausgeflogen. Dann brach auch die südvietnamesische Verteidigung zusammen. In wilder Panik flutete die Armee Saigons auf die alte Kaiserstadt Hué zurück. Flüchtlingskolonnen verstopften die Rückzugswege.

An der Südfront war eine zweite Offensive der

Nordvietnamesen aus dem kambodschanischen Grenzraum entlang der Straße 13 in Richtung Saigon vorgetragen worden. Die Stadt An Loc wurde eingekreist, und auch dort – nur 80 Kilometer von Saigon entfernt – wurde die Offensive durch die US-Air Force unter schwersten Verlusten zum Stehen gebracht.

In der Gegend von Chon Thanh, etwa 70 Kilometer von Saigon entfernt, begann eine zermürbende Materialschlacht. Es war ein Wunder, daß die spärlich

In den ersten Tagen der nordvietnamesischen Osteroffensive brach bei den Südvietnamesen am 17. Breitengrad Panik aus. Die III. Division flüchtete nach Süden.

bewaffneten nordvietnamesischen Infanteristen in ihren kümmerlichen Erdlöchern dem pausenlosen Feuerhagel der amerikanischen Bomber und der südvietnamesischen Artillerie standhielten und die Front an der Straße 13 im wesentlichen behaupteten. Ganz im Norden jedoch, bei Quang Tri, mußten die Nordvietnamesen die eroberte Provinzhauptstadt wieder räumen und sich bis zum 17. Breitengrad zurückziehen. Dieser unerwartete Waffenerfolg war natürlich dem Eingreifen der US-Air Force zu ver-

Präsident Nixon hatte die Notwendigkeit einer Normalisierung der Beziehungen zu China erkannt. Er suchte Mao Tsetung in Peking auf.

danken, die über der kleinen Ortschaft Quang Tri eine konventionelle Sprengkraft abwarf, die der dreifachen Wirkung der Bombe von Hiroshima entsprach.

Ich habe mir damals, wie mancher andere Beobachter, die Frage gestellt, warum die Nordvietnamesen gegen den Rat der Russen und der Chinesen sich in dieses Wagnis gestürzt hatten, während in Paris verhandelt wurde. Aber im Februar 1972 war Präsident Nixon in Peking gewesen, hatte Mao Tsetung getroffen, und nun fürchteten die Vietnamesen, daß die Volksrepublik China vielleicht eine Schwenkung zu ihren Ungunsten vollziehen würde, daß ein Verrat von seiten Chinas sich vorbereitete. Der Transport der Waffen durch China war für die Nordvietnamesen ohnehin schwierig und schleppend geworden.

Von den Flugzeugträgern der 7. amerikanischen Flotte starteten die schwerbeladenen Kampfflugzeuge in dichten Geschwadern gen Norden. Es war ein Luftkrieg von nie erlebter Intensität. Die Landschaft nördlich des 17. Breitengrades, in jener Verengung Vietnams, die man als Flaschenhals bezeichnet, wurde durch die B-52-Bomber in eine Mond- und Kraterlandschaft verwandelt.

Die Waffenstillstandsverhandlungen in Paris waren durch diese Kriegshandlungen in keiner Weise unterbrochen worden. Man näherte sich einer Entscheidung. Bei den endlosen Debatten ging es im wesentlichen um den Verbleib oder Abzug von 40 000 Soldaten der regulären nordvietnamesischen Armee,

In der Umgebung von Paris traf der amerikanische Außenminister Henry Kissinger mit dem Beauftragten Hanois, dem Politbüromitglied Le Duc Tho, zu geheimen Verhandlungen zusammen.

Ganze Provinzen Nordvietnams waren durch die amerikanischen »Bombenteppiche« in eine Mondlandschaft verwandelt worden. Besonders betroffen war die Region des sogenannten »Flaschenhalses« nördlich des 17. Breitengrades.

die sich auf südvietnamesischem Boden befanden. Zu Recht lehnte sich der südvietnamesische Präsident Nguyen Van Thieu gegen den Verbleib dieser Streitmacht Hanois auf. Bei Nixon und Kissinger suchte er mit allen Mitteln den Abzug dieser Interventionstruppe über den siebzehnten Breitengrad nach Norden zu erzwingen. Doch die Amerikaner konnten sich gegenüber Hanoi nicht durchsetzen. Sie übten Druck auf Thieu aus, daß er diese Präsenz akzeptiere, und Thieu wußte sehr wohl, daß – falls er

Ungeachtet der Waffenstillstandsverhandlungen in Frankreich verstärkte sich der amerikanische Bombenkrieg. Hanoi collte in die Knie gezwungen werden.

Am grünen runden Tisch des Hotels »Majestic« in der Avenue Kléber wurde schließlich der Waffenstillstand unterzeichnet. Er kam einer Preisgabe der Republik Saigon gleich.

dieses Zugeständnis unterzeichnete – wahrscheinlich sein eigenes Todesurteil und die Vorprogrammierung der südvietnamesischen Niederlage sanktioniert würden.

In den Weihnachtstagen 1972 bombardierten die Amerikaner die Umgebung von Hanoi. Eine Anzahl von Bomben explodierte auch in einem dichtbevölkerten Zentralviertel der Hauptstadt des Nordens. Die Vernichtungswarnung Präsident Nixons war eindeutig. Sie wurde offenbar von den Nachfolgern Ho Tschi Minhs verstanden, zumal wohl auch die verbündete Sowjetunion zum Einlenken riet. Aber auch in Amerika hatten die Bilder von den rauchenden Ruinen Hanois Präsident Nixon unter Druck gesetzt.

Endlich, am 27. Januar 1973, wurde im Hotel Majestic in Paris der Waffenstillstand unterzeichnet.

Das Abkommen von Paris war unterzeichnet, aber in Vietnam selbst suchten die beiden Bürgerkriegsparteien möglichst viel Terrain mit ihren jeweiligen Fahnen für sich abzustecken.

Henry Kissinger hat später dieses Dokument als großen Erfolg gepriesen. Gemeinsam mit seinem zähen Verhandlungspartner Le Duc Tho wurde ihm sogar der Friedensnobelpreis dafür verliehen. Le Duc Tho besaß den guten Geschmack, diese Ehrung nicht in Empfang zu nehmen.

»Ein international kontrollierter Waffenstillstand wird am 27. Januar, 19.00 Uhr, in Kraft treten«, gab Richard Nixon vor dem amerikanischen Fernsehen bekannt. »Binnen sechzig Tagen werden alle Kriegsgefangenen entlassen und die amerikanischen Truppen aus Südvietnam abgezogen sein.«

Doch in Südvietnam war der Krieg keineswegs beendet. Beide Bürgerkriegsparteien versuchten in aller Eile, mit ihren Fahnen ein möglichst großes Einflußgebiet für sich abzustecken: die Nationale Befreiungsfront oder Vietkong, die von den Nordvietnamesen massiv unterstützt wurde, auf der einen Seite, die südvietnamesische Armee, die jetzt ohne jede amerikanische Militärhilfe operieren mußte, auf der anderen. Dort, wo die Scharmützel nicht sofort wieder aufflackerten, herrschte trügerische Ruhe. Mit Geduld und Systematik bereiteten die Nordvietnamesen die nächste, die letzte Runde vor.

Der Strand von Vung Tau – früher bevorzugtes Ausflugsziel der Amerikaner – war jetzt verwaist.

Der Badeort Vung Tau, unweit von Saigon, konnte in jenen Tagen ohne große Gefahr erreicht werden. Der kleine Hafen, in dem sich einst ein lärmendes »Rest-and-Recreation-Center« der US-Army installiert hatte, lag verlassen unter dem feuchten Wind des Südchinesischen Meeres. In einem jener Hotels, das früher von der Ausgelassenheit amerikanischer Soldaten widerhallte, sang jetzt eine vietnamesische Sängerin ein melancholisches Lied von Edith Piaf: »Non, je ne regrette rien« – »Nein, ich bereue nichts.« Die Erinnerung an Frankreich war nicht ganz gelöscht. Der neue Waffenstillstand war kaum unterzeichnet, und schon herrschte Untergangsstimmung in Vung Tau.

Gefangener des Vietkong

Eine klare Demarkationslinie gab es in Südvietnam nach dem Waffenstillstand nicht. Man sprach hingegen von einem »Leopardenfell«. Amerika wurde mehr und mehr durch den Watergate-Skandal gelähmt und würde nicht mehr in der Lage sein, mit seiner Luftwaffe zu intervenieren, falls die Nordvietnamesen noch einmal zum großen Schlag ausholten. In dieser Situation, im Sommer 1973, bin ich von Saigon aus aufgebrochen, um herauszufinden, wo denn die Nordvietnamesen und der Vietkong tatsächlich ständen. Ich bin auf der Straße 13 nach Norden gefahren. Ungefähr 60 Kilometer von Saigon entfernt bin ich auf ein Tor gestoßen, das die Farben des Vietkong trug. Während wir schon wenden wollten, waren wir plötzlich umgeben von den »kleinen grünen Männern«, von den Nordvietnamesen. Es begann für mein Kamerateam und mich eine Woche der Gefangenschaft beim Vietkong.

Es waren keine Partisanen des Vietkong, die uns damals mit vorgehaltener AK 47 entgegenkamen und sich in ihren Waldstellungen zum Sturm auf Saigon rüsteten. Es waren nordvietnamesische Reguläre, auch wenn sie ihr rotes Banner mit dem gelben Stern vorübergehend und zur Tarnung mit der rotblauen Fahne des Vietkong vertauscht hatten. Durch Dschungel und Gebirge waren sie zu Fuß aus dem Delta des Roten Flusses nach Süden marschiert.

Die Disziplin dieser Truppe war beeindruckend.

Auf der Straße 13, die von Saigon nach Norden führt, stießen wir auf ein Portal, das die regulären nordvietnamesischen Soldaten mit der Flagge des Vietkong geschmückt hatten.

Kaum 60 Kilometer von Saigon entfernt probten die Bo Doi der nordvietnamesischen Armee den entscheidenden Angriff auf die Hauptstadt des Südens.

Bei den stark ideologisch ausgerichteten Lehrgängen dieser jungen Marxisten herrschte eine geradezu klösterliche Atmosphäre, die Stimmung eines kommunistischen Priesterseminars. Ihre Lieder kündeten von der Wiedervereinigung Vietnams und vom sicheren Sieg. Während wir diese jungen entschlossenen Männer aus dem Norden beobachteten, konnten wir uns kaum vorstellen, daß sie durch die Hölle der Materialschlachten, der vernichtenden amerikanischen Bombenteppiche jahrelang hindurchgegangen waren. Ihr Kontakt zu den Familien und zur Heimat in Hanoi, Haiphong oder Vinh war seit langem abgebrochen.

Noch blieb der Einfluß dieser Revolutionäre und Krieger, die über Laos und Kambodscha nach Süden gelangt waren, auf ein paar Dörfer im Grenzgebiet, auf ein paar Siedlungen am Rande der Kautschukplantagen beschränkt. Größere Ortschaften waren noch nicht erobert worden. Die wenigen Zivilisten, denen wir hier begegneten, wurden systematisch im Sinne des Marxismus-Leninismus indoktriniert und machten einen eher verschüchterten Eindruck.

Die Hauptanstrengung der kommunistischen Propaganda im sogenannten »befreiten Gebiet« richtete sich konsequent auf die Kinder. Sie wurden selbst in den Dörfern nahe der strittigen Demarkationslinie als junge Pioniere erzogen. Sie verherrlichten in ihren Liedern die im Zeichen des Sozialismus angestrebte Einheit Vietnams. Sie rezitierten Gedichte auf den guten Onkel Ho, auf den verstorbenen Ho Tschi

In den wenigen Dörfern, die von den Kommunisten ›befreit‹ worden waren, wurden die Kinder zu jungen Pionieren erzogen.

Scheinbar unbeschwert lebte Saigon seinem nahen Ende entgegen. Das Bürgertum traf sich im Botanischen Garten.

Minh, der ihnen im Traum erschienen sei und sie zu Fleiß und klassenkämpferischem Eifer ermahnt habe.

Kaum vorstellbar, daß diese wohlorganisierte Etappe nur 60 Kilometer Luftlinie von der brodelnden, menschenwimmelnden Hauptstadt Saigon entfernt war. Wie auf einem Kasernenhof wurde auf einer Lichtung des Dschungels die Revolutionsflagge mit dem gelben Stern gehißt, und eine Kompanie der

9. nordvietnamesischen Infanteriedivision präsentierte das Gewehr.

Wir waren in jener Woche des Sommers 1973 erst die Gefangenen, dann die Gäste des Vietkong, besser gesagt der Nordvietnamesen. Dabei tauschten wir auch die üblichen Vorstellungen, Höflichkeiten und Fragen nach der jeweiligen Gesundheit aus. Der nordvietnamesische Dolmetscher, der sein Amerikanisch in Kuba erlernt hatte, stellte uns die verdienten Untergrundkämpfer und auch einen Kameramann der Volksarmee vor. Angesichts der Selbstsicherheit unserer Gastgeber kamen wir zu der Gewißheit, daß der Überlebensfrist des Saigoner Regimes enge Grenzen gesetzt waren.

Die Republik Südvietnam lebte damals noch von ihren Illusionen. Jeden Sonntag traf sich die vietnamesische Bourgeoisie Saigons im Botanischen Garten, als herrsche tiefster Frieden, als ständen nicht die Speerspitzen des Kommunismus vor den Toren der Hauptstadt. Der amerikanische Krieg näherte sich seinem tragischen Ende. Die familiäre Sonntagsidylle würde binnen zwei Jahren abgelöst werden durch die martialischen Triumphmärsche der protelarischen Revolution.

Nächste Seite:
In den jahrzehntelangen kriegerischen Auseinandersetzungen wurden aus den idyllisch anmutenden Reisfeldern »killing fields«, Felder des Todes.

Der Waffenstillstand und der Krieg mit China

Nach dem Waffenstillstandsabkommen von Paris wußten selbst die Bauern in den Reisfeldern nicht mehr genau, wo das Einflußgebiet der Nationalregierung von Saigon aufhörte und wo die sogenannte »Befreite Zone« des Vietkong und seiner nordvietnamesischen Verbündeten begann. Jeder ahnte, daß es sich nur um eine Stille vor dem Sturm handelte.

Im Schutz des Waffenstillstandes wurden die regulären Einheiten der nordvietnamesischen Volksarmee, die sich an Saigon herangeschoben hatten, über den Ho-Tschi-Minh-Pfad massiv verstärkt. Zwei Jahre brauchte das Oberkommando in Hanoi, um die Voraussetzungen für die entscheidende Schlußoffensive zu schaffen.

In Saigon war von dieser verzeifelten Situation kaum etwas zu spüren. Wie auf einem Jahrmarkt wurden im Stadtzentrum sowjetische und chinesi-

Im Zentrum von Saigon wird erbeutetes Kriegsmaterial zur Schau gestellt. Das Regime des General Thieu trägt noch immer Siegesgewißheit zur Schau.

sche Waffen aus dem Arsenal des nordvietnamesischen Gegners ausgestellt. Vor allem die Kinder amüsierten sich und spielten mit dem tödlichen Kriegsgerät. Für den Außenstehenden entstand ein gespenstisch falscher Eindruck. In Wirklichkeit ahnte die Masse der Vietnamesen, daß die Stunde der Niederlage nur noch eine Frage des nordvietnamesischen »timing« war. Mit Angst und Sorge sahen die Südvietnamesen bereits einer spartanischen Zukunft

Aber der Staatschef selbst, der einst zum Katholizismus übergetreten war, betet vor dem Altar einer zerstörten Kirche.

Das Ende kam blitzartig. Nach einem kurzen Gefecht im Hochland von Annam besetzen hier nordvietnamesische Elitetruppen den Kaiserpalast von Hué.

unter der roten Flagge der kommunistischen Revolution entgegen.

General Thieu machte sich keine Illusionen mehr. Dieser verschlossene Mann an der Spitze des südvietnamesischen Staates wußte seit Abschluß des Waffenstillstandes, daß die amerikanischen Verbündeten ihn im Stich gelassen hatten. Auch die einflußreiche katholische Minderheit, deren militanteste Anhänger

bereits nach der französischen Niederlage von 1954 aus Tonking in die Umgebung Saigons geflüchtet waren, hatte ihre Begeisterung für die USA längst abgeschrieben. Sie machte Washington für das kommende Unheil verantwortlich.

Wieder waren die Flüchtlingskolonnen unterwegs. Aber sie hatten kein Ziel mehr.

»Rette sich, wer kann«

Am 12. März 1975 schlugen die nordvietnamesischen Divisionen mit der gewohnten unwiderstehlichen Präzision zu. Sie überrannten bei Nacht die kleine Ortschaft Ban Me Thuot im Hochland von Annam. Die Schlacht dauerte nur ein paar Stunden. Dann geschah das Unvorstellbare: Die südvietnamesische Armee, die mehr als eine Million Mann stark war, löste sich buchstäblich auf. Sie flüchtete in kopfloser Panik zur annamitischen Küste. Selbst die Elite-

Bei der Evakuierung des Hafens Danang kam es zu dramatischen Szenen der Verzweiflung.

Einheiten, insbesondere die südvietnamesischen Marines, wurden von dieser Panik angesteckt. Präsident Thieu hatte wohl ein Rückzugsmanöver auf ein südliches Bollwerk vorgeschwebt, auf eine Verteidigungslinie vom Hafen Nhatrang bis in die Gegend von Tay Ninh in der Nähe der kambodschanischen Grenze. Aber eine solche Konsolidierung der Front war jetzt nicht mehr vorstellbar.

In der großen Hafenstadt Danang kam es zu schrecklichen Szenen. Ein unendlicher Strom von

Soldaten und Zivilisten versuchte, sich auf die Schiffe zu retten, die nach Süden ausliefen. Die kommunistischen Vorhuten standen bereits vor den Toren dieses Marine- und Luftstützpunktes, der einmal die Drehscheibe der amerikanischen Strategie in Südostasien gewesen war. Bei der mißglückten Evakuierung von Danang war jede Disziplin und Selbstachtung verlorengegangen. Die Soldaten warfen zivile Flüchtlinge über Bord, die die Bestechungsgelder nicht aufbringen konnten. Viele Frauen wurden von den Soldaten vergewaltigt. Aus der einst recht ansehnlichen südvietnamesischen Armee war eine Rotte verängstigter und brutaler Marodeure geworden. Die Zivilisten, die aus dem Norden nach Cochinchina gelangten, verbreiteten bei ihrer Ankunft Panik und Defätismus.

Unterdessen rückten die siegessicheren Nordvietnamesen kampflos und unter wehender Flagge nach Süden vor.

Unmittelbar nach der Ankunft der kommunistischen Sieger paßte sich ein Teil der Bevölkerung den neuen Verhältnissen an. In Danang wurde das Bildnis Ho Tschi Minhs kopiert.

Der neutralistische General Duong Van Minh, Big Minh genannt, hat vergeblich versucht, eine Übergangsregierung zu bilden. Er wird von den Kommunisten abserviert.

Die Zivilbevölkerung machte gute Miene zum bösen Spiel. Sie versammelte sich zu straff organisierten Jubelkundgebungen. Die Südvietnamesen versuchten, ein Auskommen mit den neuen kommunistischen Herren zu finden. Sehr bald sollten sie merken, daß mit den roten Kommissaren nicht zu spaßen war.

Über das vietnamesische Fernsehen gestand Präsident Thieu seine Niederlage ein. Er trat zurück und bezichtigte die Amerikaner der Doppelzüngigkeit und der Preisgabe eines treuen Alliierten. Die Bevölkerung von Saigon verharrte in stummer Passivität. Sie sah der Zukunft mit bangen Ahnungen entgegen. Jubel über den bevorstehenden kommunistischen Einmarsch kam nicht auf.

Die Hoffnungen auf eine neutralistische Zwischenlösung unter General Duong Van Minh erwiesen sich schnell als Illusion.

Vor den geschlossenen Gittern der amerikanischen Botschaft warten verzweifelte Vietnamesen, Kollaborateure der Amerikaner, auf den Abtransport durch die Hubschrauber der US-Navy.

Siegreiche Bo Doi schwärmen im Park des Doc-Lap-Palastes aus.

In den überwiegend katholischen Dörfern im Vorfeld von Saigon wurden letzte Abwehrpositionen bezogen. Es waren vor allem katholische Elite-Einheiten, die sich in dieser aussichtslosen Stunde noch einmal gegen den Sieg des Kommunismus aufbäumten.

Bei den verbliebenen Amerikanern und ihren vietnamesischen Kollaborateuren hieß es jetzt: »Rette sich, wer kann!« Die Evakuierung der US-Bürger war präzis vorgeplant worden. Sie vollzog sich dann allerdings unter chaotischen Umständen. Es kam vor allem deshalb zu beschämenden Szenen, weil die Hubschrauber der 7. amerikanischen Flotte nur einen Teil jener Vietnamesen auf die rettenden Schiffe bringen konnten, die sich mit den Amerikanern kompromittiert und nun das Schlimmste von den Kommunisten zu befürchten hatten. Die amerikanische Räumung Saigons vollzog sich unter würdelosen Umständen. Zahllose Freunde der USA wurden einem unerbittlichen Gegner ausgeliefert.

Am Morgen des 30. April war es soweit. Nordvietnamesische Panzer rollten durch die leeren Alleen von Saigon auf den verwaisten Präsidentensitz, den Doc-Lap-Palast zu. Sie durchbrachen die Gitter. Endlich, nach dreißig Jahren eines unsagbar verlustreichen und hartnäckigen Kampfes, wie ihn kaum ein anderes Volk der Welt bestanden hätte, waren die Gefährten Ho Tschi Minhs am Ziel. Über der Herrschaftszentrale einer gescheiterten Südvietnamesischen Republik von Amerikas Gnaden hißten die Bo Doi, die Dschungelkämpfer der nordvietnamesischen Revolutionsarmee, das siegreiche Banner mit dem gelben Stern der asiatischen Volkserhebung.

Der Befehlshaber dieser Panzerspitze, Oberst Bui Tiu, schildert die Stunde der Kapitulation und der

Vom Einmarsch der Roten Khmer in Phnom Penh liegen nur wenige Bilder vor. Die kambodschanischen Kommunisten zwangen die gesamte Stadtbevölkerung zum leidvollen Exodus in die Reisfelder und in den Dschungel.

Unterwerfung des neutralistischen General Minh: »Ich habe zu General Minh und seinen Ministern gesagt: Der Krieg ist heute zu Ende. Alle Vietnamesen haben gesiegt; nur die US-Imperialisten wurden besiegt. Wenn ihr noch ein vaterländisches Gefühl habt, dann könnt ihr diesen Tag als einen Tag der Freude empfinden.«

Triumph der Roten Khmer

Auch in Kambodscha schlug am 17. April 1975 die Stunde des Untergangs für das proamerikanische Regime. Die Roten Khmer, die die Hauptstadt Phnom Penh seit zwei Jahren eng umschlossen hielten, durchbrachen die letzten Sperren und rückten beinahe kampflos in das Zentrum dieser einst anmutigsten Stadt Ostasiens ein. Die Domino-Theorie, von der bereits Präsident Eisenhower geredet hatte, schien sich zu bewahrheiten. Mit der Machtergreifung der Roten Khmer triumphierte der Kommunismus nun im ganzen ehemals französischen Indochina.

Schon am ersten Tag des Triumphes der Khmers Rouges wurden sich die Kambodschaner der Greuel und Schrecken bewußt, die ihnen nunmehr bevorstanden. Die »Steinzeit-Kommunisten«, die aus dem Urwald kamen, wollten einen völlig neuen kambodschanischen Menschen schaffen, losgelöst von jeder westlichen Kultur und jeder Urbanisierung. Sämtliche Städte Kambodschas – Phnom Penh an der Spitze – wurden von der Bevölkerung total geräumt. Selbst Todkranke mußten den Weg in die Reisfelder und Sümpfe antreten. Das unheimliche und blutrünstige Regime der Roten Khmer versuchte, auf den Gebeinen von Hunderttausenden ihrer Landsleute die Utopie totaler Gleichheit und gesellschaftlichen Neubeginns zu verwirklichen.

Von nun an herrschte in Kambodscha der nackte Horror, ein Entsetzen, dem selbst die bislang verbün-

deten Nordvietnamesen fassungslos gegenüberstanden.

In Hanoi wurde die Eroberung Saigons und die faktische Einverleibung der Republik Südvietnam mit gewaltigen Feiern vor dem Mausoleum Ho Tschi Minhs zelebriert. Aber im Politbüro keimten bereits neue Sorgen. Die regierende Troika von Hanoi,

Wenige Tage nach der Machtergreifung der Roten Khmer glich die Hauptstadt Phnom Penh einer menschenleeren Gespensterstadt.

In Saigon wurde unterdessen unter dem Bildnis Ho Tschi Minhs der Volksjubel inszeniert. Die Masse verhielt sich jedoch schweigsam und verängstigt.

Ministerpräsident Pham Van Dong, Verteidigungsminister Vo Nguyen Giap, Parteigeneralsekretär Le Duan stellten mit Beklemmung fest, daß die Volksrepublik China sich in einer distanzierten, fast feindseligen Haltung gegenüber den vietnamesischen Kommunisten versteifte. Die Chinesen betrachteten sich als die Protektoren der Roten Khmer. Aus Peking kam die Warnung, daß die Vietnamesen in Kambodscha nichts zu suchen und zu sagen hätten.

Aber was wogen schon diese Bedenken angesichts des ungeheuren Triumphgefühls. Nach dreißig Jahren Krieg gegen die französische Kolonialmacht und gegen den amerikanischen Giganten war das Ziel der nationalen Einheit verwirklicht, das Testament Ho Tschi Minhs vollstreckt.

Schmerzliche Wiedervereinigung

Die Hoffnungen des Oberst Bui Tiu haben sich leider nicht bewahrheitet. Mit den roten Kommissaren aus dem Norden zog nicht der Geist der Versöhnung in Saigon ein, das jetzt Ho-Tschi-Minh-Stadt hieß,

Im Städtischen Theater von Hanoi, dem einstigen Musentempel der französischen Kolonisatoren, versammeln sich die Parteifunktionäre und ihre Angehörigen.

Der Stadtkern von Hanoi ist durch die amerikanischen Bombardierungen kaum berührt worden. Seit dem Abzug der Franzosen hat sich hier nichts verändert außer dem allmählichen Verfall der Gebäude.

sondern die Rachsucht. Es waren dogmatische Marxisten, die im Geiste des Stalinismus erzogen waren, und sie waren zutiefst intolerant. Jetzt offenbarte sich ein ganz eigenartiges Phänomen: Die Armee des Nordens, die die großartigsten militärischen Siege gegen die Franzosen und gegen die Amerikaner errungen hatte, zeigte sich auf einmal unfähig, den Frieden und die Versöhnung zu bewältigen.

Die Nordvietnamesen hatten während des Krieges unter dem Bombenhagel 16 000 Kilometer Ho-Tschi-Minh-Piste durch den Dschungel und durch die Felsen hindurch gebaut. Aber bis auf den heutigen Tag ist die kurze Straße zwischen Hanoi und dem Hafen Haiphong immer noch in einem desolaten Zustand, ganz zu schweigen von der langen Strecke, die von Hanoi bis nach Saigon hinunterführt.

Zu Recht ist von den Vietnamesen gesagt worden – vor allem von den Bewohnern des Nordens –, sie seien überwiegend Bauern, Soldaten und Beamte oder Funktionäre.

Ihnen gehe die unternehmerische Begabung ab. Von Alters her lag der Handel in ganz Vietnam überwiegend in den Händen jener zahlreichen Auslandschinesen, die das kommunistische Regime nunmehr mehrheitlich ins Exil treiben sollte.

Auf den glänzenden militärischen Sieg folgte leider das wirtschaftliche Chaos im Zeichen eines streng ideologischen Marxismus-Leninismus. Die Intoleranz gegenüber dem Süden war so groß, daß viele, sehr viele Vietnamesen auf die Boote flüchteten, um in den Westen zu gelangen. Die Amerikaner hatten einmal befürchtet, daß das wiedervereinigte Vietnam und das von ihnen beherrschte Indochina mitsamt Laos und Kambodscha einen Domino-Effekt ausüben würde auf die umliegenden Staaten Südostasiens. Aber das Gegenteil war jetzt der Fall. Das Armenhaus Vietnam und die dort herrschende Unduldsamkeit wirkten abschreckend auf die Nachbarn. Die ersten Jahre nach der Wiedervereinigung stellten

Auf dem Heldenfriedhof von Hanoi sind Parteifunktionäre und junge Pioniere zur Totenehrung angetreten.

wohl die düsterste und enttäuschendste Epoche der vietnamesischen Geschichte dar.

Bis auf den heutigen Tag ist Hanoi, die Hauptstadt des wiedervereinigten Vietnam, immer noch ein Erinnerungsstück der französischen Kolonialzeit geblieben. Als Folge des unerbittlichen Krieges und eines dogmatischen Sozialismus ist die Stadt jedoch verwahrlost und heruntergewirtschaftet. Die einst so prächtige Oper der Franzosen ist inzwischen notdürftig wieder hergerichtet worden. Im Sommer 1976, ein Jahr nach dem Krieg, als ich wieder nach Vietnam reisen durfte, erlebten wir dort ein ergreifendes Schauspiel. Ein Blinder und ein Beinamputierter musizierten vor dem tief bewegten Publikum. Wo einst die Crème der Kolonialadministration den Schauspielern der Comédie Française Beifall spendete, saßen die Kader und das Volk der Sozialistischen Republik Vietnams. Ein Orchester von Kriegsblinden spielte die Weise: »Die Kraft ist nicht erschöpft.«

Die politische Führungsspitze, die hohe Nomenklatur aus Partei, Armee und Verwaltung, traf sich weiterhin zur Weihestunde am Heldenfriedhof von Hanoi.

In den Dörfern am Roten Fluß ging das Leben weiter wie seit Jahrhunderten. Aber der Reis war knapper denn je. In der Hauptstadt sind die wichtigsten Lebensmittel bis auf den heutigen Tag rationiert. Die Einverleibung des fruchtbaren Südens, der unerschöpflichen Reisschale des Mekong-Deltas, hat der Stadt Hanoi nur geringe Linderung ihrer Nöte gebracht. Im Norden regierte der vietnamesische Kommunismus weiter im Zeichen von Anspruchslosigkeit und puritanischer Strenge.

Im wiedervereinigten Vietnam sind alle politischen

Der Alltag von Hanoi nach dem Sieg ist ärmlich. Die Straßenbahn stammt noch aus der Kolonialzeit.

Oppositionsgruppen ausgeschaltet worden. Neben der Kommunistischen Partei behauptet sich lediglich die Gemeinschaft der vietnamesischen Katholiken. In ihren Kirchen und Kathedralen sammeln sich diese Gläubigen zum täglichen Gottesdienst. Nach einer Periode harter Bedrängnis ist das kommunistische Regime toleranter geworden und bemüht sich, diese standhafte religiöse Minderheit in die Nation zu integrieren. Die Staats- und Partei-Karriere bleibt den Katholiken noch verschlossen.

Die langjährige Herrschaft des Kommunismus im Delta des Roten Flusses hat es nicht vermocht, die Gläubigkeit der nordvietnamesischen Katholiken zu erschüttern.

Die Stadt Saigon ist unmittelbar nach der Eroberung durch den Norden in Ho-Tschi-Minh-Stadt umgetauft worden. Aber der Geist des alten Revolutionärs fand hier keine Heimat. Die spartanische Krieger-Gesellschaft des Nordens, die sich im Kampf so unglaublich bewährt hatte, war den Aufgaben des Friedens offenbar nicht gewachsen. In den ersten

Nachkriegsjahren glaubten die kommunistischen Behörden, der latenten Opposition der Saigoner Bevölkerung durch massive Zwangsumsiedlung in ländliche Gegenden beikommen zu können. Aber am Ende mußten sie einsehen, daß ihre sogenannten neuen Wirtschaftszonen zum Scheitern verurteilt waren. Dieses Experiment, das ohne ausreichende Mittel verfügt worden war, zerbrach an der unwirtlichen Natur und am passiven Widerstand der Saigoner.

Die Erwachsenen der früheren Hauptstadt Saigon waren für den Marxismus offenbar nicht zu gewinnen. So versuchte man zumindest, die Jugend für die Ideale Ho Tschi Minhs zu begeistern. Für die Kinder wurden im früheren Präsidentenpalast von Saigon lärmende Propaganda-Feste veranstaltet. Das Hotel Continental, in dem früher die Weltpresse ihren

Der ehemalige Präsidentenpalast von Saigon ist für ein Jugendtreffen mit roten Fahnen und dem unvermeidlichen Bild des »Onkel Ho« geschmückt.

Im alten Geschäftsviertel tut sich der Sozialismus schwer. Der Schwarzmarkt floriert und behauptet sich erfolgreich gegen die Planwirtschaft.

Treffpunkt hatte, war 1976 verwaist. Heute wird es wegen Überalterung abgebrochen.

Besonders bedrückend wirkten damals jene Zentren der moralischen und politischen Umerziehung, die jedem Besucher vorgeführt wurden. Die früheren Prostituierten sollten in den Arbeitsprozeß integriert werden. Die Kriegswaisen wurden zu strammen Vorkämpfern des Marxismus-Leninismus erzogen. Sogar die Drogensüchtigen klatschten im Rhythmus, wenn sie das Loblied zu Ehren Ho Tschi Minhs anstimmten.

Hunderttausende von südvietnamesischen Kriegsgefangenen, denen nichts vorzuwerfen war – Beamte des Saigoner Regimes, viele Intellektuelle –, waren in den ersten Nachkriegsjahren in Sammellager am Rande der großen Schilfebene eingewiesen worden. Diese Moorsoldaten des Kommunismus lebten dort unter härtesten Bedingungen. Heute sollen noch 8000 politische Häftlinge – meist hohe Offiziere – in sogenannten Umerziehungslagern festgehalten werden.

Das weitverzweigte Delta des Mekong hat zu seinem uralten Lebensrhythmus zurückgefunden. Heute geht es den Südvietnamesen wesentlich besser als ihren Landsleuten im siegreichen, strengen Norden. Die leichtlebige Bevölkerung des Südens verharrt auch gegenüber den Eroberern aus Tonking in einer störrischen Reserve, die ihnen niemand zugetraut hätte. Schon 1976 florierte in Ho-Tschi-Minh-Stadt ein Schwarzmarkt, der sich zunächst aus amerikanischen Restbeständen und den Notverkäufen der enteigneten Bourgeoisie nährte. Seitdem haben die ins Ausland geflüchteten Vietnamesen mit Geschenksendungen für ihre Verwandten das Angebot beachtlich vermehrt. Auch der Schmuggel blüht. Selbst rote Funktionäre aus dem Norden wurden sehr bald in zwielichtige Geschäfte verwickelt. Die Bestechlichkeit hat den marxistischen Puritanismus aufgeweicht, wie im Politbüro von Hanoi kummervoll festgestellt wurde.

Die Zwangsmethoden der kommunistischen Gleichschaltung, die unerträglichen Mangelerschei-

Viele Geschäfte der Hauptstadt des Südens, die jetzt nach Ho Tschi Minh benannt ist, haben die eisernen Gitter vorgezogen.

Hunderttausende Soldaten und die Mehrzahl der Beamten der ehemaligen Republik Südvietnam wurden in Umerziehungslager eingewiesen. Sie lebten und arbeiteten dort unter erbärmlichsten Bedingungen.

nungen der ersten Jahre nach der angeblichen Befreiung haben Zehntausende von Vietnamesen bewogen, auf abenteuerlichen Wegen in den verlockenden Westen zu entkommen. Die Boat People, die bis auf den heutigen Tag auf winzigen Kuttern im Südchinesischen Meer treiben, wurden zu einem weltweiten Begriff.

Pekings »Strafaktion«

Vietnam hat seine Einheit wiedergefunden, aber nicht den Frieden. Auf den Sieg über die Franzosen und Amerikaner ist der Konflikt mit China gefolgt, der heute noch andauert.

Die Jugend hingegen wird unter den Zwang der neuen strengen Ideologie genommen.

Die politischen Kommissare aus dem Norden organisierten marxistische Umschulungskurse für das ›Streugut‹ der kapitalistischen Gesellschaft, für Drogensüchtige und Prostituierte.

Die Weltöffentlichkeit wurde auf die dramatischen Zustände in Südvietnam durch das Auftauchen zahlloser Flüchtlinge aufmerksam gemacht. Die »Boat People«, von denen Tausende im Südchinesischen Meer ertranken, gaben Kunde von der neuen Willkür, die über Südvietnam hereingebrochen war.

Dieser Konflikt war unausweichlich geworden nach dem Tod Ho Tschi Minhs, der stets auf Äquidistanz zu Moskau und zu Peking geachtet hatte, das heißt auf eine gleiche Nähe oder gleiche Entfernung zu den beiden großen kommunistischen Verbündeten. Fragwürdig wurde diese Politik, nachdem – in den Augen der Vietnamesen zumindest – Präsident Nixon und Mao Tsetung miteinander fraternisiert hatten.

Bei meinem letzten Besuch in Vietnam im August 1987 wurde mir Gelegenheit gegeben, die strittige Nordgrenze zwischen Vietnam und der Volksrepublik China im Raum von Langson zu inspizieren. Die Situation war gespannt, aber ruhig. In der benachbar-

Karte: Das wiedervereinigte Vietnam und die Stoßrichtung der chinesischen »Strafaktion«.

Nach ihrem Blitzfeldzug in Kambodscha führen die vietnamesischen Eroberer Rote Khmer als Gefangene ab.

ten Provinz Ha Tuyen, so berichtete mir ein vietnamesischer Oberst, schlagen jede Woche etwa 1500 chinesische Granaten in den unwirtlichen Dschungel ein – ohne jeden Erfolg übrigens. Dies sei eben ein asiatischer Krieg, so erklärt mir der Oberst. Hier gehe es nicht um einen eindeutigen Sieg, sondern um die Erschöpfung, die Ermattung des Gegners.

Im weiteren Umfeld gibt es noch andere kritische

In ganz Kambodscha wurden die Schädelstätten des Grauens, die »killing fields«, entdeckt.

Reibungs- und Konfliktpunkte zwischen Vietnam und China: Beide Länder streiten sich um den Besitz von zwei Archipelen im Südchinesischen Meer: die Paracel-Inseln im Norden, die von den Chinesen besetzt sind, und die Spratley im Süden, wo sich die Vietnamesen festgekrallt haben. Man vermutet reichhaltige Erdölvorkommen im Umfeld dieser winzigen Eilande. Auf den chinesischen Karten ist dieses

riesige Seegebiet, das fast bis Borneo reicht, als chinesisches Staatsgebiet eingezeichnet. Ein territorialer Kompromiß zeichnet sich nicht ab.

Die aktive Feindschaft zwischen Vietnam und China hatte sich jedoch an Kambodscha entzündet. Dort begegneten sich sehr bald die Roten Khmer des Diktators Pol Pot und die roten Nordvietnamesen als unversöhnliche Gegner in erbitterter Konfrontation. Es erwies sich, daß der proletarische Internationa-

Nach der Besetzung Phnom Penhs durch die Vietnamesen kehrte die Zivilbevölkerung zaghaft in die verwahrloste Hauptstadt zurück.

Rechte Seite:
Die Provinz Yünan, eine der zauberhaftesten Landschaften der Welt mit zahlreichen kunsthistorischen Kunstschätzen, war Aufmarschgebiet der chinesischen Streitkräfte.

Vietnamesische Soldaten vor den Tempeltürmen von Angkor Wat. Das Testament Ho Tschi Minhs ist vollstreckt, die alte Einheit Indochinas unter Führung Hanois wieder hergestellt.

lismus zur Farce wird, wenn die uralte Erbfeindschaft zwischen den Völkern aufbricht. Heute versucht Peking, mit Hilfe des Kambodscha-Konflikts, zwischen Moskau und Hanoi einen Keil zu treiben. Doch diesem diplomatischen Intrigenspiel ist der vietnamesische Kambodscha-Feldzug im Dezember 1978 und im Anschluß daran die »Strafaktion« der Chinesen vorausgegangen.

Die Eroberung Kambodschas durch die vietnamesische Volksarmee im Dezember 1978 glich einem militärischen Spaziergang. Die Horror-Herrschaft der Roten Khmer hatte weite Provinzen dieses einst so lieblichen buddhistischen Landes in »killing fields«, in Felder des Todes verwandelt. Nach objektiven Schätzungen dürften eine Million Kambodschaner das gräßliche Experiment der Khmers Rouges mit dem Tode bezahlt haben. Nur ganz allmählich kehrten die Überlebenden ausgezehrt, krank und

traumatisiert nach Phnom Penh und in die anderen Städte zurück. Die vietnamesischen Eroberer installierten eine ihnen genehme marxistische Regierung. Es wurden die üblichen Siegesparaden abgehalten. Für das Ausland wurde eine fadenscheinige Verbrüderung zwischen den uralten Erbfeinden Vietnam und Kambodscha inszeniert.

Sehr bald gerieten die Vietnamesen in die Situation ihrer früheren Gegner. Sie mußten in Kambodscha als reguläre Armee eine Partisanenbewegung bekämpfen, die sich vor allem in den Grenzgebieten hartnäckig behauptete. Die herrlichen Tempelruinen von Angkor sind inzwischen von den Vietnamesen und ihren kambodschanischen Verbündeten freige-

Offiziere der chinesischen Volksbefreiungsarmee beobachten das Grenzgebiet vor Auslösung der Strafaktion.

Chinesische Soldaten lassen sich das Gelände von Angehörigen der Gebirgsstämme erklären.

kämpft worden. Dennoch bleibt Hanoi in einen endlosen Abnutzungskrieg verwickelt und wird vom Ausland zum Okkupanten eines fremden Landes gestempelt.

Die Chinesen hatten diese Niederwerfung ihrer

Die chinesische Abwehr krallte sich in der Ortschaft Langson fest. Langson gilt als strategische Durchgangsposition auf dem Weg nach Hanoi.

engen kambodschanischen Verbündeten als unerträgliche Provokation empfunden. Ihre Reaktion ließ nicht auf sich warten.

Am 17. Februar 1979 holte die chinesische Volksbefreiungsarmee zu einer Großoffensive gegen Vietnam aus. Dieser Überraschungsangriff wurde in Peking als »Strafaktion« bezeichnet. Das chinesische Oberkommando hatte sich relativ bescheidene Ziele gesetzt. Es ging nicht darum, nach Hanoi und in das Landesinnere vorzustoßen, sondern – wenn möglich – eine große Zahl von Elite-Verbänden nahe der Grenze einzukesseln und zu vernichten. Nach schweren Verlusten und einigen Rückschlägen eroberten die Chinesen eine Reihe vietnamesischer Grenz-

Vietnamesische Infanteristen setzen zum Gegenangriff an.

Die chinesischen Panzer kamen im gebirgigen Grenzgebiet nur mit sehr geringer Effizienz zum Einsatz.

städte, insbesondere die Schlüsselstellung Langson, das Einfallstor nach Tonking. Ein überzeugender strategischer Erfolg war das keineswegs. Die Volksbefreiungsarmee, im Geiste Mao Tsetungs erzogen, war den Anforderungen eines modernen Feldzuges offenbar nicht gewachsen.

Für Vietnam hatte dieser kurze Feldzug katastrophale Folgen. Die Verwüstungen trafen einen ausgemergelten Staat. Von nun an würde dieses erschöpfte und verarmte Land seine besten Divisionen stets an der äußersten Nordgrenze zur Verteidigung des Deltas des Roten Flusses und der Hauptstadt Hanoi gegen die Eventualität eines neuen Ansturmes der

Eine Gruppe vietnamesischer Kriegsgefangener in ihrem Sammellager der Provinz Yünan! Die Kommissare der Volksbefreiungsarmee versuchten vergeblich, sie in ihrem Sinn umzuschulen.

Nach Beendigung der Strafaktion zogen sich die Chinesen ins Reich der Mitte zurück und ließen sich dort von der Bevölkerung als Sieger feiern.

chinesischen Massen in Bereitschaft halten müssen. Mit diesem Zwang zur permanenten Mobilisierung will die Volksrepublik China offenbar den einstigen Vasallen Vietnam auslaugen. Das Land, das zu Zeiten der Pekinger Kaiser »Befriedeter Süden« hieß, wird vom alten Reich der Mitte in den Schraubstock genommen.

Die chinesische Südprovinz Yünan bleibt neben der Provinz Kwangsi weiterhin Aufmarschgebiet der chinesischen Volksbefreiungsarmee. Im Frühjahr 1979 hatte ich dort Gelegenheit, vietnamesische Kriegsgefangene zu besuchen, die in einer chinesischen Kaserne interniert waren. Trotz aller ideologischen Beeinflussung durch die chinesischen Kommissare waren bei diesen vietnamesischen

Kriegsgefangenen der Trotz und der Nationalstolz in keiner Weise gebrochen. Sie sangen das uns wohlvertraute Lied: »Vietnam, Ho Tschi Minh«.

Nach vierzehntägiger Kampagne brachen die Chinesen die Feindseligkeiten ab. Dann kehrten die Armeen Pekings in ihre Ausgangsstellungen zurück. Die asiatischen Siegesfeiern waren überschwenglich, wobei sich die Begeisterung im Stile einer Peking-Oper kundtat. Vietnam lebt nun wieder unter dem uralten Alptraum seiner zweitausendjährigen Geschichte. Gemessen an dem Gewicht des chinesischen Kolosses waren die französischen Kolonialisten schwächliche Übergangsfiguren, stellte das massive amerikanische Militär-Engagement nur eine kurze historische Episode dar. Das alte Reich der Mitte hingegen, die traditionelle Vormacht über ganz Südostasien, stützt sich auf mehr als eine Milliarde Menschen, auf ungebrochene Dynamik und auf eine verheißungsvolle Wirtschaftsentwicklung. Der Schatten Chinas lastet wieder auf Vietnam.

Die Krieger der Apokalypse

In den Dschungeln von Kambodscha behaupten sich die Partisanentruppen der Roten Khmer bis auf den heutigen Tag. Im März 1980 habe ich diese verschworene Guerilla in der Provinz Siem Reap mit meinem Kamerateam aufgesucht, um ihren Abwehrkampf gegen die siegreichen Vietnamesen darzustellen. Wir waren zu Gast bei den »Kriegern der Apokalypse«, den Überlebenden und Nachfolgern jener Roten Khmer, die einst Tod und Verwüstung über das eigene Land gebracht hatten. Heute stellen sie wieder den harten Kern einer antivietnamesischen Widerstandskoalition dar, an deren Spitze nominell der kluge und auf Ausgleich bedachte Prinz Sihanuk steht.

Im geheimen Hauptquartier der Roten Khmer trafen wir Khieu Samphan wieder, der an diese

Existenz in der Wildnis seit vielen Jahren gewöhnt war. Er hatte ja schon einmal - im Jahre 1970 - den bewaffneten Kampf gegen das damals proamerikanische Regime von Phnom Penh in ziemlich aussichtsloser Position begonnen.

Die Uniformen der Roten Khmer haben chinesischen Zuschnitt. Auch die Waffen stammen aus der Volksrepublik. In den Dschungeln und Sümpfen Kambodschas liefern sich heute kambodschanische Partisanen und Vietnamesen einen Stellvertreterkrieg, dessen Ende nicht abzusehen ist.

Perestroika in Hanoi

War es wirklich das Vorbild der sowjetischen Perestroika, die die Führung Vietnams dazu bewegt hat, nach dem 6. Parteitag der Kommunistischen Partei eine Politik der Öffnung, der größeren Liberalität und der wirtschaftlichen Effizienz einzuleiten? Es ist wohl vor allem eine neue Generation nachgewachsen, eine neue Elite innerhalb der Kommunistischen Partei Vietnams. Das Land ertrinkt heute nicht mehr im Heldentum. Die Armut ist noch groß, vor allem im Norden, wo die Lebensmittel rationiert bleiben und

Im Dschungel der Provinz Siem Reap wurden wir im Hauptquartier der Roten Khmer gastlich bewirtet. Zur Rechten des Autors sitzt Khieu Samphan, einer der maßgeblichen Führer der Khmers Rouges.

Die Partisanen der Roten Khmer sind chinesisch uniformiert und bewaffnet.

die Bevölkerung unzureichend ernährt ist. Aber im Süden, in Saigon oder Ho-Tschi-Minh-Stadt, wo ich 1976 eine tief verängstigte und deprimierte Bevölkerung vorgefunden hatte, offenbart sich neuerdings eine explosive Vitalität. In Saigon lebt es sich heute besser als im Norden. Die Löhne und Gehälter sind dort zehnmal höher als in Hanoi. Im Süden gibt es allerdings auch keine Lebensmittelrationierung mehr. Die Jugend beherrscht alles, eine Jugend, die mehr als 60 Prozent der Gesamtbevölkerung ausmacht. Diese jungen Leute wollen keine Ideologie mehr, sie wollen besser leben und richten sich nach neuen Modellen aus. Überall in Saigon hört man am Abend westliche Rockmusik, und die Jugend ver-

In Ho-Tschi-Minh-Stadt feiert die westliche Rockmusik Triumphe. Die Zeit der einseitigen kommunistischen Indoktrinierung geht ihrem Ende entgegen.

Soldaten der vietnamesischen Volksarmee in einem der Restaurants am kleinen See von Hanoi.

sucht auch, sich modisch zu kleiden. Sie hat Selbstbewußtsein gewonnen gegenüber der Bevormundung durch die Doktrinäre aus dem Norden. Die Kampfmoral der Rekruten aus dem Süden, die sich im fortdauernden Kambodscha-Feldzug bewähren sollte, ist zweifelhaft.

Die Stunde der neuen Männer in der Parteiführung hat geschlagen. Als Hemmnis wirkt sich nicht nur Karl Marx aus, sondern auch der uralte Konfuzius. Die ehrwürdigen Denkmäler der Revolution, die

Mitglieder des Politbüros unter Ho Tschi Minh, sind nach und nach abgetreten. Aber diese Veteranen, die im Geiste des Marxismus-Leninismus, im Puritanismus der wahren Lehre, großgeworden sind, haben natürlich darunter gelitten, daß alles, wofür sie gefochten hatten, nunmehr fragwürdig geworden ist.

Während meines letzten Aufenthalts in Hanoi war dort der amerikanische General Vessey im Auftrag Präsident Reagans eingetroffen. Offiziell sollte er nach 1800 vermißten Amerikanern suchen. Aber es sind nicht nur die Gebeine von Amerikanern, die noch im Dschungel von Vietnam modern, es sind auch zahllose Vietnamesen und Franzosen, die nicht mehr wiedergefunden wurden. Was noch ausgehandelt wurde zwischen General Vessey und der Parteiführung von Hanoi, wurde nicht publiziert. Aber eines ist sicher: Die Europäer leiden nicht unter dem Trauma eines verlorenen Krieges in Vietnam wie die

Am Strand von Vung Tau wimmelt es wieder von Badegästen. Die Bikinis verraten westlichen Zuschnitt.

Der VI. Parteitag der kommunistischen Partei Vietnams gab den Auftakt zu einer Perestroika à la vietnamienne.

Amerikaner. Für die Europäer besteht auch kein ausreichender Grund, sich mit den Roten Khmer, die früher unter Pol Pot unsäglichen Terror ausgeübt haben, in Kambodscha zu solidarisieren. Die Europäer könnten dazu beitragen, den Vietnamesen aus ihrer Isolation herauszuhelfen und sie zur Öffnung zu ermutigen, denn dieses Volk verdient mehr als andere unsere Hochachtung und unseren Beistand.

Das Mahnmal des Onkel Ho

Am 15. Juli 1986 wurde Le Duan, der langjährige Generalsekretär der Kommunistischen Partei Vietnams, zu Grabe getragen. Die Bestattung verlief nach

Moskauer Vorbild. Der frühere Regierungschef Pham Van Dong und Truong Chinh, der damalige Staatschef der Sozialistischen Republik Vietnam, waren zugegen. Noch einmal war die uralte Garde Ho Tschi Minhs angetreten, alle über 80 Jahre alt. Sie waren im Geist des Komintern und einer unbeugsamen leninistischen Ideologie großgeworden. Mit Le Duan wurde mehr zu Grabe getragen als ein greiser Kämpfer der Revolution. Der starre, unfruchtbare Dogmatismus mußte auch im kommunistischen Vietnam einer pragmatischen Anpassung, einer Lokkerung weichen. Pham Van Dong, Truong Chinh und Le Duc Tho sind seitdem aus dem aktiven politischen Leben ausgeschieden.

Der neue Generalsekretär der KPVN Nguyen Van Linh entspricht nicht mehr dem strengen Funktionärsmodell früherer Jahre. Er ist sich der Notwendigkeit der Modernisierung seines Landes und einer größeren Öffnung bewußt.

Das Mausoleum Ho Tschi Minhs in Hanoi bleibt das Heiligtum der Nation, die Pilgerstätte des Volkes.

Im Dezember 1986 schickte Moskau Jegor Ligatschow, den strengen Sekretär des Zentralkomitees der KPdSU, nach Hanoi. Er war im Auftrag Gorbatschows gekommen. Ligatschow übte im Namen des Kreml heftige Kritik an den Unzulänglichkeiten und Schlampereien der vietnamesischen Wirtschaftspolitik. Immerhin wird die jährliche Hilfe der Sowjetunion für Hanoi auf zwei bis drei Milliarden US-Dollar beziffert.

Auf dem 6. Parteitag der KP Vietnams setzte sich der neue Generalsekretär Nguyen Van Linh für einen geschmeidigeren Reformkurs und wirtschaftliche Auflockerung ein. Generalsekretär Linh - obwohl auch er 71 Jahre alt ist - gilt als Mann der Erneuerung und des pragmatischen Sozialismus. Er hatte die Kriegsjahre als hoher Partisanenführer im Süden verbracht.

Ho Tschi Minh in der entscheidenden Phase des Befreiungskampfes.

Bei seinem Vietnam-Aufenthalt war Ligatschow auch in das alte Saigon gereist. Um Kontinuität zu beweisen, überreichte er seinen vietnamesischen Genossen eine Büste Ho Tschi Minhs.

Generalsekretär Nguyen Van Linh hatte sich inzwischen auf eine freizügige Informationspolitik umgestellt. Er übte Kritik an den bisherigen Regierungs- und Verwaltungsmethoden. Auf seine Weise versucht er, die ideologischen Verkrustungen aufzubrechen.

Wie alle anderen Parteichefs der kommunistischen Welt hat Michail Gorbatschow im Mai 1987 auch seinen vietnamesischen Kollegen im Kreml empfangen. Es ging um die Betonung eines bewährten Bündnisses, das in Peking auf heftigen Widerspruch stößt. Nguyen Van Linh weist alle Behauptungen über eine Lockerung der Beziehungen Hanois zu Moskau mit der Feststellung zurück, die russische Wirtschaftshilfe für Vietnam habe sich seit 1982 verdoppelt. Es ging bei dem Besuch im Kreml auch um Absprachen über eine Reformpolitik, wie sie im Zeichen der »Perestroika« heute den meisten kommunistischen Staaten vorschwebt.

Mögen die Bindungen Hanois an die Moskauer Zentrale auch eng bleiben, mag die Belastung der übermächtigen chinesischen Nachbarschaft die Vietnamesen auch zwingen, das russische Gegengewicht auszuspielen, dieses Volk Südostasiens ist sich seines eigenen Wertes bewußt und klammert sich unentwegt an seine volle nationale Unabhängigkeit.

Vietnam taugt nicht als Satellit. Die Geschichte dieses Landes ist getragen von Tragik und Größe. Nirgendwo wird das deutlicher als am Grabmal Ho Tschi Minhs. Dort marschiert die Wache im russischen Stechschritt auf. Das Volk steht Schlange, um einen flüchtigen Blick auf den großen Toten zu werfen. Mag er im Süden auch umstritten bleiben, Ho Tschi Minh war nicht nur ein kommunistischer Revolutionär, er ist der Vater der vietnamesischen Nation.

Zeittafel

111 v. Chr. bis 939 n. Chr.	Vietnam ist Vasall des Reiches der Mitte.
1009–1225	Die Ly-Dynastie zentralisiert das Staatswesen nach chinesischem Vorbild.
1054–1072	Ly Thanh Tong nennt sich Kaiser von Dai-Viet.
13. Jh.	Invasion Kaublai Khans aus China wird abgewehrt.
1662	Das Fürstenhaus Trinh (Norden) erläßt ein Edikt gegen die französische Missionstätigkeit.
1. 9. 1858	Französisches Geschwader besetzt den Hafen von Tourane (Danang).
5. 6. 1862	Abschluß des Vertrages von Saigon: Annam überläßt Frankreich das östliche Cochinchina und verpflichtet sich zu einer Zahlung von 4 Mio. Francs.
11. 8. 1863	Frankreich vereinbart mit dem Khmer König Norodom I. ein Protektoratsabkommen für Kambodscha.
25. 4. 1882	Französische Truppen fallen in Tonking ein.
August 1883	Der Kaiser in Huè unterwirft sich dem französischen Protektorat über Annam.
1920	Ho Tschi Minh nimmt an der Gründung der kommunistischen Partei Frankreichs in Tours teil.
4. 6. 1929	Gründung kommunistischer Parteizellen in ganz Vietnam.
26. 9. 1940	Landung der Japaner in Tonking.
Mai 1941	Kommunisten und bürgerliche Nationalisten schließen sich zum ›Vietminh‹ zusammen.
9. 3. 1945	Japan zerschlägt die französiche Kolonialherrschaft und proklamiert Bao Dai zum Kaiser von Vietnam.
25. 8. 1954	Kaiser Bao Dai dankt ab.
2. 9. 1945	Japan kapituliert.
2. 9. 1945	Ho Tschi Minh ruft in Hanoi die Demokratische Republik Vietnam aus.
Herbst 1945	Landung des französischen Expeditionskorps unter Oberbefehlshaber General Philippe Leclerc de Hautecloque in Saigon.
9. 3. 1946	Französischer Flottenverband landet in der Bucht von Halong.

6. 7.–14. 8. 1946	Scheitern der Konferenz von Fontainebleau: Bruch zwischen Frankreich und Vietnam.
Dezember 1946	Schwere Kämpfe in Haiphong und Hanoi. Der Vietminh zieht sich ins Gebirge zurück.
September 1949	Ex-Kaiser Bao Dai übernimmt das Amt des Staatschefs von Vietnam auf Betreiben der Franzosen.
1. 10. 1949	Mao Tsetung ruft in Peking die Volksrepublik China aus.
20. 11. 1953	Französiche Fallschirmjäger springen über der Talmulde von Dien Bien Phu ab.
13. 3. 1954	Beginn der Schlacht von Dien Bien Phu.
7. 5. 1954	Die französische Festung Dien Bien Phu kapituliert.
16. 6. 1954	Bao Dai beruft den Katholiken Ngo Dinh Diem als Regierungschef von Vietnam.
21. 7. 1954	Unterzeichnung des Waffenstillstandes in Genf: Vietnam wird am 17. Breitengrad geteilt.
26. 10. 1955	Ngo Dinh Diem setzt Bao Dai ab und proklamiert sich zum Staatsoberhaupt der südlichen Republik Vietnam.
1956	In Nordvietnam wird die radikale Kollektivierung der Landwirtschaft durchgeführt.
20. 12. 1960	Diverse Widerstandsgruppen in Südvietnam schließen sich zur Nationalen Befreiungsfront ›Vietkong‹ zusammen.
20. 1. 1961	John F.Kennedy wird Präsident der Vereinigten Staaten. Entsendung von US-Militärberatern und von amerikanischen ›special forces‹.
1. 11. 1963	Sturz und Ermordung Präsident Diems. Das südvietnamesiche Militär reißt die Macht an sich.
22. 11. 1963	Lyndon B. Johnson folgt auf den ermordeten John F. Kennedy.
2. 8. 1964	Tonking-Zwischenfall: Nordvietnamesische Schnellboote greifen angeblich amerikanische Zerstörer der 7. Flotte an. Beginn der US-Bombardierung von Nordvietnam.
7. 3. 1965	Landung der ersten US-Marines in Danang und Beginn der massiven amerikanischen Militärpräsenz.
31. 1. 1968	Tet-Offensive (Neujahrsoffensive) der Nordvietnamesen, erbitterte Kämpfe in Huè und Saigon.

31. 3. 1968	Präsident Johnson bietet Friedensgespräche an.
13. 5. 1968	Beginn der Waffenstillstandsverhandlungen zwischen Henry Kissinger und Le Duc Tho in Paris.
Januar 1969	Richard M. Nixon wird Präsident der Vereinigten Staaten.
3. 9. 1969	Tod Ho Tschi Minhs.
18. 3. 1970	Militärputsch gegen Prinz Norodom Sihanuk in Kambodscha. General Lon Nol übernimmt die Macht.
ab Mai 1970	Amerika dehnt den Krieg auf Kambodscha aus.
5. Mai 1970	Prinz Sihanuk bildet in Peking eine kambodschanische Exilregierung.
29. 3. 1972	Osteroffensive der Nordvietnamesen.
18. 12. 1972	US-Air-Force bombardiert Hanoi und Haiphong.
27. 1. 1973	Unterzeichnung des Waffenstillstandsabkommens im Hotel Majestic in Paris.
17. 4. 1975	Die Roten Khmer erobern die kambodschanische Hauptstadt Phnom Penh und ordnen die Zwangsverschickung der Zivilbevölkerung an.
Frühjahr 1975	Beginn der nordvietnamesischen Großoffensive und des Zerfalls der südvietnamesischen Armee.
21. 4. 1975	General Nguyen Van Thieu, Staatschef der Republik Südvietnam, tritt zurück.
30. 4. 1975	Nordvietnamesische Truppen erobern Saigon.
1. 1. 1976	Der Partisanenführer Pol Pot wird Regierungschef von Kambodscha.
2. 7. 1976	Nord- und Südvietnam werden unter dem Namen ›Sozialistische Republik Vietnam‹ wiedervereinigt.
25. 12. 1978	Vietnamesische Truppen erobern Kambodscha und zerschlagen die Herrschaft der Roten Khmer. Der Kambodschaner Heng Samrin bildet eine provietnamesische Regierung.
17. 2. 1979	Die Volksrepublik China holt zu einer »begrenzten Strafaktion« gegen Vietnam aus.
5. 3. 1979	China gibt die Einstellung der Kriegshandlungen bekannt.
15.-18. 12. 1986	Der neue Generalsekretär der KPVN, Nguyen Van Linh, bekennt sich auf dem VI. Parteitag zu einer Politik der Öffnung und Flexibilität.

Register

BILDNACHWEIS

Agence France Press, Paris (10), The Associated Press, London (20), Bildarchiv Preußischer Kulturbesitz, Berlin (1), Black Star New York (1), Camera Press Ltd., London (7), dpa, Frankfurt (6), Gamma, Paris (32), Haeberle, New York (3), Josef Kaufmann, Köln (29), Keystone, Paris (24), Jean Claude Labbé, Paris (1), Life Magazin (c) Time Inc., New York (4), Magnum, Paris (2), Orion Press, USA (1), Paris Match, Paris (6), Roger Pic, Paris (8), Pix Inc., New York (1), Scothia-Film-Verleih, München (1), Perry Kretz/Stern (1), Hilmar Pabel/Stern (1), Michael Ruetz/Stern (1), Max Scheler/Stern (2), Jay Ullal/Stern (1), Ullstein Bilderdienst, Berlin (2), UPI, New York (4), Collection Roger Viollet, Paris (10)

Kartographie: Werner Götzinger, Bonn-Bad Godesberg